Investir en Chine

Tome 2 : Guerre et Commerce

L'Art de la Guerre de Sun Zi

Enseignements tirés de la pratique des affaires en Chine

Version 1.0

Adrien L. Beaulieu

Collection Réussir en Chine

DU MÊME AUTEUR

DÉDICACE

*Au Père Amiot qui fut le premier en Europe à faire connaître le Sun Zi bingfa (le titre original c
hinois), publié pour la première fois en 1772 dans un recueil de 464 pages sur l'Art Militaire
Chinois. Personnage important de la Mission jésuite à Pékin, le Père Joseph-Marie Amiot, par
ses nombreux travaux sur des sujets très divers, a énormément contribué à faire connaître la Chi
ne en Europe au cours du XVIIIe siècle.*

Mort en 1793, une pierre tombale a été érigée en son honneur.

Si vous le pouvez un jour, passez lui rendre hommage :

Beijing Stone Carving Art Museum 北京石刻艺术博物馆

Adresse : No.24, Wuta Temple, Xizhimenwai,, Haidian District, Beijing 北京市海淀区西
直门外五塔寺24号

AVERTISSEMENT

Ce livre a été essentiellement écrit pour les hommes et femmes d'entreprises : PDG, gérants, dirigeants, responsables export, consultants et plus généralement, pour tous ceux qui souhaitent se préparer à un succès commercial en Chine continentale.

Le but de ce livre est de fournir aux lecteurs intelligents et motivés les outils nécessaires à la compréhension de pratiques commerciales non naïves au travers de notre ancêtre commun Sun Zi. Ancêtre commun, car il fait partie du patrimoine de l'humanité.

Confucius disait : « Les êtres humains sont tous semblables, seules leurs habitudes sont différentes ». Ces différences non comprises nous mettent dans l'embarras très tôt en affaires en Chine.

Les étudiants et amoureux de l'histoire de l'Empire du centre (du monde) pourront y trouver matière à réflexion sérieuse sur le caractère universel des écrits de Sun Zi. Par ce livre, j'ai souhaité leur partager l'amour que j'ai pour ce pays-continent, cette autre planète qu'est la Chine continentale.

Tous les commentaires, précisions, éclaircissements, explications que je fournis dans ce livre n'engagent que moi. Ils sont néanmoins issus d'expériences personnelles, d'un travail approfondi, nourri de réflexions et de recherches constantes.

PRÉAMBULE

Lorsque j'ai commencé à m'intéresser à l'Art de la Guerre de Sun Zi, je fus frappé à la lecture des différents manuscrits par le nombre d'informations contradictoires que j'ai pu obtenir. Pour certains, Sun Zi était présenté comme ayant réellement existé sans remise en question ni même mention de doute du monde académique. Pour d'autres, Sun Zi ne serait pas l'auteur de l'œuvre ou il serait un nom emprunté. Pour d'autres encore, Sun Bin (auteur d'un autre traité militaire découvert en 1972) et Sun Zi seraient la même personne. Et pour d'autres enfin, il n'y aurait purement et simplement jamais eu de Sun Zi.

Tout ceci pour ne mentionner que quelques-unes de mes découvertes.

Ce dont je me suis aperçu durant mes recherches c'est que nombre d'auteurs ou d'éditeurs présentaient l'œuvre de manière universelle. Pourtant, chacun (en francophonie) s'appuyait soit sur la traduction française de Giles ou parfois de Griffith (deux anglophones), soit sur celle du Père Amiot (francophone) ou des innombrables AmiotS simplifiés qui ont vu le jour. Certains même, en fonction du but recherché dans un contexte particulier de leur livre, réalisaient un panachage en piochant dans l'une ou l'autre des traductions. Difficile de s'y retrouver.

Imaginez dans quel état de suspicion j'ai pu me trouver chaque fois que j'avais entre les mains une nouvelle traduction ou une nouvelle interprétation du Sun Zi. J'ai finalement choisi comme support de compréhension les traducteurs de l'Art de la Guerre suivants : Joseph-Marie Amiot, Valérie Niquet, Jean Lévi pour les francophones et Lionel Giles et Samuel Griffith pour les anglophones, et les commentaires ou réflexions de certains auteurs comme Alain Joxe, Lucien Nachin, Gérard Chaliand, entre autres. Je regrette néanmoins de ne pas avoir pu aller plus loin et étudié les œuvres d'autres traducteurs et commentateurs chinois[1] et aussi celles de Japonais qui ont concrètement mis à profit ce traité militaire et ce, dès le début du VIIIe siècle de l'ère commune.

J'ai choisi finalement de vous transmettre l'œuvre du Père Amiot même s'il faut admettre que sa traduction tranche avec la concision et la densité du traité dont les autres traducteurs cités sont plus proches.

Bien des traductions présentées comme celles d'Amiot ne sont pas réellement les siennes mais tirées d'une version « simplifiée », dirons nous, publiée par les éditions Berger-Levrault en 1948, sous le titre « Sun Tse et les anciens Chinois, », présentée et annotée par Lucien Nachin. On trouve aussi d'autres versions comme celle de Cholet de 1922 et bien d'autres « pirates » ou « clones » sur le net et dans d'innombrables éditions reprises pour tout ou partie des éditions Berger-Levrault.

Mon choix de traduction fut guidé par trois raisons essentielles. La première est que je n'ai pu résister au bonheur de rééditer l'intégrale originelle : celle de 1772[2] car elle fait partie du patrimoine de la francophonie, plus largement du monde et qu'elle gagne à être connue. La deuxième parce que j'ai eu un coup de foudre pour le travail et l'aventure intellectuelle et personnelle du jésuite. La troisième, et finalement la plus importante, parce que pour vous, investisseur et amoureux de la Chine, il est préférable de commencer la lecture de l'Art de la Guerre dans un texte moins rugueux même si moins proche du texte chinois ancien.

Et c'est ce que je vous propose de vivre en vous livrant l'œuvre brute sans intermédiaire, sans corrections, sans adaptation, sans réécriture, sans coupe, du Père jésuite Joseph-Marie Amiot. Il est le premier européen à avoir tenté l'aventure de traduire ce texte complexe. Je vous explique plus loin de quelle façon. Vous avez la certitude que ce que vous lirez est la VRAIE première publication du Père Amiot. Vous pourrez apprécier le bonheur d'établir un contact avec un homme d'exception à plus de deux siècles d'intervalle et comparer cette version à toutes celles encore attribuées aujourd'hui à ce jésuite.

TABLE DES MATIÈRES

LIVRET 1

PREMIÈRE PARTIE : ART MILITAIRE DES CHINOIS

1

INTRODUCTION

Pour une femme ou un homme d'affaires pressé mais qui ne souhaite pas qu'on lui serve un discours où la vérité historique (si tant est qu'il y en ait une) sacrifie à l'effet de mode, et avant même de vous livrer le texte original de la traduction du Père Amiot, il m'a paru essentiel de clarifier bien des points sous la forme de questions/réponses mêlées de commentaires que je vous propose plus bas.

Dans ce qui suit, j'ai essentiellement voulu remettre un peu d'ordre dans tout ce que l'on peut lire de contradictoire et parfois d'erroné sur le livre «Art de la Guerre» de Sun Zi, le contexte historique de l'œuvre, son auteur : le présumé Sun Zi, son premier traducteur : le Père Joseph-Marie Amiot.

Cette introduction poursuit un objectif de précision, de clarté, de concision et de démythification. J'espère sincèrement y être parvenu.

2

CLARTÉ, CONCISION ET DÉMYTHIFICATION SUR L'ART DE LA GUERRE

1. L'œuvre et l'auteur

Qu'est-ce que l'Art de la Guerre ?

Un traité de stratégie présenté comme étant le plus ancien connu à ce jour. Il daterait de 2500 ans et aurait été rédigé aux environs du Ve siècle avant l'ère commune.

Il est aussi considéré comme un manuel de stratégie militaire, un manuel pratique destiné à la formation des officiers, un manuel de tactiques de terrain, un manuel de pratique de la guerre, un manuel de compréhension de la pensée militaire des Chinois anciens, un manuel d'aide à la négociation en environnement culturel chinois.

Qui est Sun Zi ?

On ne sait rien de l'auteur avec exactitude. On ne sait même pas s'il a vraiment existé et pour couronner le tout, on ne peut même pas dater précisément l'œuvre.

D'après l'historien Sima Qian,[3] Sun Zi ou Sun Wu serait un général originaire de l'Etat de Qi, l'actuelle province du Shandong qui, ayant offert son manuel militaire en 512 avant l'ère commune au roi Helu de Wu, province actuelle du Zhejiang, lui aurait ainsi permis indirectement de remporter la victoire sur le Royaume de Chu, la province actuelle de Hubei.

De quand date l'œuvre ?

On convient que sa période probable de rédaction se situerait quelque part à cheval sur la période des Printemps et des Automnes[4] et la période des Royaumes Combattants.[5] On parle communément du Ve siècle avant l'ère commune. Je pense, sans trop prendre de risques, que l'on peut dater l'œuvre entre le VIe et le IVe siècle avant l'ère commune. Cela permettra de conclure la paix entre les estimations de Giles et Griffith qui le situent au IVe siècle, Niquet au Ve siècle, Lévi dans la seconde moitié du IVe siècle et Amiot au VIe siècle avant l'ère commune.

Qui est l'auteur original de l'Art de la Guerre ?

Là aussi, nous ne savons rien avec précision. On a l'habitude de l'attribuer à Sun Zi dont on ne sait rien précisément non plus sur la vie si ce n'est via une biographie de l'historien Sima Qian rédigée au 1er siècle avant l'ère commune, soit plus de quatre siècles après l'existence du prétendu Sun Zi.

Quel est le vrai nom de Sun Zi ? Que veut dire Sun Zi ?

Si vous vous intéressez à la multitude de textes autour de l'Art de la Guerre, et que vous cherchiez à trouver l'original de l'œuvre traduite, il est fort à parier que vous vous demanderez très vite de qui l'on parle vraiment.

Y a-t-il un seul auteur portant tantôt un nom, tantôt un autre ou parle-t-on d'ouvrages et/ou d'individus différents ?

En effet, vous trouverez les noms suivants : Sun Tzu, Sun Zi, Sun Tse, Sun Wu dans des styles d'écriture tout aussi différents : Sun Tzu, Sun-tzu ; Sun Zi, Sun-zi, Sun zi ; Sun-Tse, Sun Tse, Sun-tse ; Sun Wu, Sun Wou.

Sun Tzu ou Sun-tzu est la traduction anglaise du nom de l'auteur présumé des XIII articles sur l'Art de la Guerre.

Sun-Tse, Sun Tse ou Sun-tse en est sa traduction française ou Souen Tse en transcription de l'Ecole française d'Extrême-Orient. Sun Zi ou Sun-zi est la traduction utilisant la phonétique selon le modèle pinyin.[6]

Finalement, qu'importe que l'on utilise Sun Tse, Sun Tzu ou Sun Zi puisque cela signifie Maître Sun. Seul Sun Wu (Wou) est différent puisqu'il est le nom présumé complet du général, auteur non moins présumé de ce fameux traité militaire.

Petite précision : en Chine le prénom est après le nom. C'est pour cela que souvent, vos interlocuteurs vous appelleront Mme Jeanne plutôt que Mme Dupont, pensant que Jeanne est votre nom de famille.

Personnellement et après des années de vie en Chine, je me plie plus volontiers à nommer notre Maître Sun comme il est habituel de le nommer en Chine, soit Sun Zi. Je suis en cela la prononciation phonétique chinoise (le pinyin) de l'appellation «Maître Sun» dans ses caractères originaux.

Pourquoi existent-ils des commentateurs si nombreux de l'Art de la Guerre ? Le texte original en chinois ancien est dense et ramassé et oblige souvent à des interprétations et donc des commentaires. Si bien qu'au cours du temps, des commentateurs officiellement reconnus ensuite comme tels, dont certains furent des stratèges accomplis, sont apparus sur près de quinze siècles.

Onze sont reconnus comme des commentateurs de valeur, ce sont du plus ancien au plus récent : Cao Cao (l'un des plus importants et en même temps un chef de guerre qui s'est couvert de gloire par ses faits d'armes), Meng Zhi, Li Quan, Du You, Du Mu, Zhen Hao, Jia Lin, Mei Yanchen, Wang Xi, He Yanshi et Zhang Yu. Tous ces commentateurs se relayeront à partir du IIe siècle pour Cao Cao, jusqu'au XIIe pour Zhang Yu.

Bien sûr, bien d'autres travaux ont été réalisés par la suite mais ces premiers commentateurs sont jugés être les plus pertinents.

2. Le premier traducteur européen de l'Art de la Guerre

Qui est le Père Amiot ?

Le Père Joseph-Marie Amiot est né à Toulon le 8 Février 1718 et mort à Pékin en Octobre 1793. Il était missionnaire jésuite, admis dans la Compagnie de Jésus en 1737.

Envoyé en Chine en 1740 et de par ses qualités intellectuelles et son savoir exceptionnel, il a gagné le respect, l'estime et la confiance de grands de ce monde et notamment, l'empereur Qianlong qui régna de 1736 à 1796. Ce dernier parlait le tartare qu'Amiot aussi maîtrisait. Ceci a certainement été un vecteur très puissant de rapprochement interculturel.

Le Père Amiot a légué bien des connaissances non seulement sur la Chine de cette époque mais aussi et surtout, sur l'Empire central en général. Il était un lettré et un scientifique et possédait des connaissances importantes en histoire, littérature, mathématiques, physique et musique. Il a légué au monde un nombre important d'écrits et de correspondances sur des sujets très divers incluant par exemple, la médecine, la philosophie, les sciences astronomiques et les danses rituelles chinoises. Il est le père d'une grammaire et d'un dictionnaire tartare-mandchou et de bien d'autres travaux.

Citons deux ressources d'importance pour les passionnés de recherche : «Mémoires concernant l'histoire, les sciences, les arts, les mœurs et les usages des Chinois, par les missionnaires de Pékin» (1776-1789) et «Bibliothèque de la Compagnie de Jésus» de Carlos Sommervogel.

Qu'est-ce qu'un jésuite et qu'est-ce que la Compagnie de Jésus ?

La Compagnie de Jésus est un ordre religieux catholique fondé par Ignace de Loyola (1491-1556) et reconnu en 1540 par Paul III. On appelle ses membres les jésuites. Ce terme dont l'origine remonte au XVe siècle était plutôt utilisé selon son sens critique contre tous « ceux qui utilisent trop fréquemment le nom de Jésus ». Il a ensuite été adopté en tant que tel.

Quel est le titre réel du recueil du Père Amiot consacré à Sun Zi, entre autres ?

Le titre complet de la publication parue en 1772 est : «Art Militaire des Chinois, ou recueil d'anciens traités sur la guerre, composés avant l'ère chrétienne, par différents généraux chinois». De cet ouvrage, j'ai extrait le livre : «Les treize articles sur l'Art Militaire, ouvrage composé en Chinois par Sun-Tse, Général d'Armée dans le Royaume de Ou, et mis en tartare-mandchou par ordre de l'Empereur Kang-Hi, l'année 27ème du cycle 60, c'est-à-dire, l'année 1710».

Le texte que je vous livre dans ce manuscrit est original et n'a subi aucune altération si ce n'est le changement de quelques anciennes conventions typographiques en usage dans le Royaume de France à cette époque et qui, par exemple, présentait les « s » sous une forme proche du « f » et qui empêche une lecture fluide du texte. En dehors de ces petits changements « de confort » de lecture, le texte est l'original de la publication de 1772.

Il y a bien d'autres documents intéressants issus du travail important du Père Amiot inclus dans le recueil de 464 pages que je me suis procuré. J'ai d'abord choisi de vous proposer ce que l'on nomme plus communément «Art de la Guerre» (connu en Chine sous l'appellation Sun Zi bingfa) et que le Père Amiot intitula : «Les XIII Articles sur l'Art Militaire».

Sur quels documents originaux le Père Amiot a-t'il travaillé ?

Comme il l'explique dans son « Discours Préliminaire du Traducteur », le Père Amiot a peiné sérieusement avec le texte chinois et a failli abandonner à plusieurs reprises. Notre érudit a choisi alors (je vous laisse découvrir comment dans son « Discours ») d'apprendre le tartare-mandchou afin de pouvoir travailler à la traduction des textes qu'il s'est procurés.

C'est là qu'il nous faut bien comprendre qu'Amiot a préféré non pas traduire littéralement mais comme il le dit lui-même «donner une idée de la manière dont les meilleurs auteurs chinois parlent de la guerre, d'expliquer d'après eux leurs préceptes militaires, en conservant leur style». Il s'est donc servi, comme il le précise, outre du texte chinois et tartare mandchou, de celui des commentateurs chinois, anciens et modernes. « Lorsqu'on ne comprend pas le Chinois, on a recours au Tartare, et lorsqu'on est embarrassé de retrouver le vrai sens dans le Tartare, on ouvre le livre Chinois ; ou si l'on veut mieux faire on les a continuellement sous les yeux tous les deux.»

Et ce travail de traduction lui a finalement demandé des années d'efforts.

Ce que je trouve émouvant dans le récit que fait Amiot de son travail, c'est la touchante et sensible et immensément respectable présentation de ses limites personnelles face à la difficulté de la tâche. Cette honnêteté intellectuelle d'un homme seul devant un monde, une écriture, un environnement si différents donne à son travail encore plus de poids. On ressent dans ce qu'il écrit tout le respect qu'il peut avoir pour des peuples différents et nous pouvons facilement l'imaginer dans son rôle d'intermédiaire interculturel entre l'Europe et l'Empire chinois.

Evidemment, les puristes préféreront les traductions directes du texte de Sun Zi. Je le comprends facilement car les traducteurs que j'ai cités plus haut sont plus proches du texte littéral d'origine. Ma position est plus nuancée sur ce point et finalement très chinoise : plutôt que d'opposer les traductions, étudions-les côte à côte. D'un côté, celle d'Amiot, pour un travail qui s'est parfois perdu dans l'imprécision et la redondance mais qui reste une source importante et de l'autre, Lévi ou Niquet ou Giles ou Griffith. Ou pourquoi pas, comme j'ai essayé de le faire et si on en a le temps et la passion, en comparant les traductions de Amiot, AmiotS simplifiés, Niquet et Griffith par exemple.

Je vous joins ici les titres des XIII articles tels qu'ils ont été traduits par ces auteurs pour vous donner une idée de la difficulté du travail de traduction et d'interprétation sur le chinois ancien. Et ce ne sont que les titres...

Article I
Amiot : Fondements de l'art militaire
Un Amiot simplifié parmi d'autres : De l'évaluation
Lévi : Supputations
Niquet : Des plans
Griffith : Approximations

Article II
Amiot : Des commencements de la campagne
Un Amiot simplifié parmi d'autres : De l'engagement
Lévi : Les opérations
Niquet : Des combats
Griffith : La conduite de la guerre

Article III
Amiot : De ce qu'il faut avoir prévu avant le combat
Un Amiot simplifié parmi d'autres : Des propositions de la victoire et de la défaite
Lévi : Combattre l'ennemi dans ses plans
Niquet : De l'offensive par les plans
Griffith : La stratégie offensive

Article IV
Amiot : Delà contenance des troupes
Un Amiot simplifié parmi d'autres : De la mesure dans la disposition des moyens
Lévi : Les formations militaires
Niquet : Des circonstances
Griffith : Dispositions

Article V
Amiot : De l'habileté dans le gouvernement des troupes
Un Amiot simplifié parmi d'autres : De la contenance
Lévi : Puissance stratégique
Niquet : Des forces
Griffith : Energie

Article VI
Amiot : Du plein et du vuide
Un Amiot simplifié parmi d'autres : Du plein et du vide
Lévi : Vide et plein
Niquet : Du vide et du plein
Griffith : Points faibles points forts

Article VII
Amiot : Des avantages qu'il faut se procurer
Un Amiot simplifié parmi d'autres : De l'affrontement direct et indirect
Lévi : L'engagement
Niquet : De la lutte armée
Griffith : Manœuvre

Article VIII
Amiot : Des neuf changements
Un Amiot simplifié parmi d'autres : Des neuf changements
Lévi : Les neuf retournements
Niquet : Des neuf variables
Griffith : Les neuf variables

Article IX
Amiot : De la conduite que les troupes doivent tenir
Un Amiot simplifié parmi d'autres : De la distribution des moyens
Lévi : L'armée en campagne
Niquet : De la conduite des armées
Griffith : Marches

Article X
Amiot : De la connoissance du terrein
Un Amiot simplifié parmi d'autres : De la topologie
Lévi : Le terrain
Niquet : De la configuration du terrain
Griffith : Le terrain

Article XI
Amiot : Des neuf sortes de terreins
Un Amiot simplifié parmi d'autres : Des neuf sortes de terrain
Lévi : Les neuf sortes de terrains
Niquet : Des neuf territoires

Griffith : Les neuf sortes de terrain

Article XII
Amiot : Précis de la manière de combattre par le feu
Un Amiot simplifié parmi d'autres : De l'art d'attaquer par le feu
Lévi : Attaques par le feu
Niquet : De l'attaque par le feu
Griffith : L'attaque par le feu

Article XIII
Amiot : De la manière d'employer les dissentions et de mettre la discorde
Un Amiot simplifié parmi d'autres : De l'utilisation des espions
Lévi : L'espionnage
Niquet : De l'utilisation des espions
Griffith : De l'utilisation des agents secrets

Commentaires sur les textes «Avis de l'éditeur» «Discours du traducteur» et «Préface»

Le recueil complet du Père Amiot a été revu et publié par M. DEGUIGNES chez l'éditeur DIDOT L'AINE pour l'impression de 1772.

En préambule de ce recueil, on trouve les textes «Avis de l'éditeur», «Discours du traducteur» et «Préface». J'ai voulu ici vous livrer ces trois documents tels quels sans modification aucune. A leur lecture, vous verrez qu'il est précisé, notamment dans «Avis de l'éditeur» et «Discours du traducteur», les titres et présentations des autres documents qui font partie du recueil. Même si certains de ces documents démontrent un réel intérêt pour ce qui concerne l'étude de l'Art Militaire Chinois, nous nous focaliserons uniquement sur les XIII articles de Sun Zi.

Il peut apparaître que certains commentaires du père Amiot puissent gêner car parfois relayant un parfum de «civilisateur». Je n'ai voulu ni le juger ni extraire les commentaires en question car mon objectif est de vous mettre en contact avec la première traduction européenne de l'Art de la Guerre telle qu'elle est et donc de vous fournir son «Discours Préliminaire» et sa «Préface» tels qu'il les a rédigés. Je vous laisse juge de la difficulté avec laquelle le père Amiot a pu travailler à cette époque et le contexte historique de volonté évangélisatrice peu ou prou inclus dans sa mission de jésuite. Pour ma part, au vu du dévouement de ce jésuite et de ses remarques plutôt généralement ouvertes, généreuses et courtoises, j'éprouve du respect car bien difficile fut la tâche à laquelle il s'était attelé.

Pourquoi le Amiot si le texte n'est pas une traduction à l'identique du Sun Zi?

C'est une question importante. En effet, en lisant le texte tel que les meilleurs traducteurs nous le livrent, vous obtiendrez un accès plus direct à l'œuvre. Mais en tant qu'investisseur ou investisseur potentiel ou consultant ou plus largement personne intéressée par la Chine du monde des affaires, vous n'aurez pas le temps de lire ET de tenter de comprendre ce texte difficile d'accès. Le texte d'Amiot va vous mettre en contact plus léger avec l'Art Militaire Chinois. En fait, le texte original vous donnera en plus l'assurance de vraiment lire Amiot. Plus tard, je vous suggère très fortement les documents cités plus hauts des sinologues francophones et anglophones contemporains.

3

GUERRE ET COMMERCE

Qu'est-ce qu'un livre écrit il y 2500 ans peut apprendre aujourd'hui aux personnes d'entreprises ?

Vous en saurez plus sur l'histoire chinoise. Vous en apprendrez sur les tactiques mises en exergue dans le traité et qui ont tant inspiré Mao Zedong, et d'innombrables stratèges japonais.

Vous comprendrez pourquoi en creusant la surface du texte, tant de femmes et d'hommes d'affaires le révèrent outre-Atlantique. Vous vous préparerez à investir en conscience dans un environnement où les tactiques de contournement et la stratégie indirecte sont la règle.

Y a-t'il une seule façon d'interpréter l'Art de la Guerre ?

Non, en fait nous pouvons «décoder» ce document de différentes manières : plus littéraire, plus utilitaire, ou plus mystique. Certains vont jusqu'à l'interpréter au travers des enseignements taoïstes. Il y a bien des façons différentes en fait de l'appréhender.

Dans une première lecture, je vous suggère de le comprendre comme un manuel pratique de tactiques indirectes dont la compréhension est nécessaire pour qui veut investir en conscience en Chine continentale.

En quoi étudier l'Art de la Guerre peut m'aider, moi, femme ou homme d'entreprise francophone dans ma réussite commerciale ?

Comme me le disait tout récemment un dirigeant lors d'une séance de coaching pour laquelle il m'avait mandaté : «Une fois que ma nouvelle affaire sera établie ici en Chine, après la mise en route habituelle, tout devrait rouler comme partout ailleurs». Le «ça n'arrive qu'aux autres» prévaut.

Seulement voilà, si c'était aussi évident que cela, toutes les sociétés qui s'installent en Chine réussiraient. C'est loin d'être le cas et encore moins pour celles qui ont décidé de créer des sociétés mixtes (que l'on appelle JV ou joint-ventures). L'Art de la Guerre peut vous aider à mieux vous préparer et préparer vos équipes d'expatriés.

Evidemment, je ne conseille pas de vous mettre dans une position de méfiance à priori ou de conflit larvé mais je mets en garde tous ceux qui pensent que le business en Chine est comparable à ce qui se fait «partout ailleurs».

Le principe habituel de prudence de l'investisseur face à des marchés inconnus est totalement occulté lorsqu'il s'agit de la Chine. Le 1,3 milliard d'habitants fait perdre le sens commun. C'est le China Dream qui encore et toujours joue son rôle de miroir aux alouettes.

Quels sont les enseignements essentiels que je peux tirer de l'Art de la Guerre dans ma pratique des affaires ?

Difficile de répondre d'emblée à cette question si complexe et pourtant si importante pour votre future réussite commerciale en Chine. Alors, voici ce que je vous propose. Dans un premier temps, je vous invite à lire l'intégralité des textes originaux de la traduction du Père Amiot présentés dans le Livre Premier. Ensuite, pour que vous puissiez tirer le meilleur profit de ce que vous allez lire, je vous conseille la lecture du Sun Tzu de Lévi. Puis, faites les parallèles qui s'imposent entre Action Militaire et Action Commerciale. Enfin, il vous sera nécessaire de suivre une formation dans le domaine de l'interculturel en Chine et la pratique de la négociation en environnement des affaires chinois afin de combiner théorie et pratique.

Je vous suggère néanmoins les enseignements possibles suivants :
Les XIII articles vous aideront, entre autres, à :
-> Comprendre le principe de la ruse comme une marque d'intelligence.
-> Comprendre qu'il n'y a pas une façon unique de lutter pour la réussite commerciale.
-> Comprendre que lorsque l'on n'a pas les forces de soutien de l'Occident, on doit avant tout fonctionner selon des tactiques indirectes.

-> Comprendre que la plus belle victoire s'arrache sans escarmouche et en usant l'adversaire.

-> Comprendre que l'armée (ou la société la plus forte) peut être vaincue sur le territoire chinois par un partenaire ou un adversaire bien inférieur.

-> Comprendre que les tactiques de guerre opposant des armées se trouvent comparables aux tactiques de guerre commerciale.

-> Comprendre que pragmatisme prévaut en toute chose de guerre comme en toute chose commerciale.

-> Comprendre que le génie du général en temps de guerre comme le génie du gestionnaire en commerce réside pour beaucoup dans ses qualités d'anticipation.

-> Comprendre qu'il nous faut, lorsque les opportunités tactiques se présentent, ne jamais hésiter.

-> Comprendre que nous sommes très mal préparés (les PME) à gagner la guerre commerciale, que des pans entiers de notre industrie sont perdus et que, plus grave encore, certains sont moribonds sans qu'on puisse s'en rendre compte. A moins que nous nous préparions à nous défendre, et contrattaquer.

-> Comprendre que le modèle capitaliste de conquête que nous avons adopté et le système OMC ne sont pas déconnectés des principes soutenus par Sun Zi en temps de guerre.

Et bien d'autres choses à ceux qui savent lire entre les lignes.

En conclusion de ce livre, si tant est que l'on puisse conclure sur un tel sujet tant les possibilités d'enseignements sont nombreuses, je vous présenterai, dans le Livre Second, les leçons que j'ai pu tirer de mon étude de l'Article Premier. Vous pourrez, ainsi, sur la base de ce mini-essai vous rendre compte de la façon dont peuvent être décodés les écrits de Sun Zi et comment effectivement ses conseils qui, à l'origine, étaient destinés à la formation des officiers militaires peuvent encore aujourd'hui être très utiles pour le monde des affaires et la formation des expatriés.

Quel parallèle peut-on faire entre la guerre et les affaires ?

Il y a bien des parallèles que nous pouvons faire entre Guerre et Commerce. Et lorsqu'il y a guerre commerciale, il n'y a aucune réflexion ethnique ou patriotique qui prévaut mais seulement des considérations d'accroissement de son Royaume (ses parts de marché), de ses trésors (ses profits), de son expansion (ses mouvements de capitaux), ses territoires ou conquêtes (prises de contrôles de sociétés), de ses attaques surprises (OPA hostiles), de développement de ses alliances (ses partenariats) pour ne faire que ces parallèles-là.

Les alliances sont maintenant claniques en ce que le clan rassemble les intérêts financiers interculturels, interethniques et internationaux complémentaires.

Un parallèle concret : les entreprises que j'accompagne sur le terrain chinois sont en général en situation de menace commerciale, non pas par le entreprises chinoises seulement, mais surtout par la compétition française et internationale qui a déjà noué des alliances et a été capable d'intervenir sur leurs marchés plus tôt avec des produits moins chers et de qualité comparable. En ce sens, l'intérêt de ces nouveaux investisseurs dans un système capitaliste à vocation de mondialisation est de reprendre de la marge de manœuvre tactique en Chine en augmentant les marges financières par l'achat de produits à faibles coûts de main d'œuvre, dans un pays qui n'est pas trop regardant sur les conditions de travail, les conditions de vie des employés et la situation de l'environnement.[7]

Sur ce territoire chinois, elles vont devoir nouer des alliances, les entretenir et les surveiller de même que Sun Zi le conseille. Une fois leur travail de sourcing réalisé, elles seront en situation de calme commercial qui leur permettra, parfois même, la conquête de concurrents grâce à leur trésorerie accumulée et ainsi de consolider leurs positions.

Jusqu'au jour où un nouvel entrant arrivera et ce sera l'occasion de nouvelles tactiques.

Dès l'instant où l'action stratégique est nécessaire, Sun Zi peut aider si on le pratique sans états d'âme particuliers et jugements moralisateurs. Je laisse à chacun « Sa » lecture du Sun Zi.

Le lecteur trouvera peut-être ces parallèles entre Guerre et Commerce durs, agressifs ou déplacés. Je dirais que si nous décidons de suivre les conseils avant tout pragmatiques de Sun Zi dans sa pratique commerciale, nous devons nous rappeler que dès le début du traité, il est mentionné que la guerre (comme le commerce) est d'une importance vitale et qu'elle ne saurait être traitée à la légère.

Lorsque l'on veut réussir dans son développement commercial en Chine, il est vital de se préparer et Sun Zi peut nous y aider.

Et pour reprendre une réflexion de Cari Von Clausewitz[8] : « La guerre a tout d'une opération commerciale ». Je rajouterai : « Et inversement ».

4

Art Militaire des Chinois

Ces ouvrages sur l'Art Militaire des Chinois, traduits en françois par le P. Amiot, sont déposés dans le cabinet de M. Bertin, Ministre et Secrétaire d'Etat, à qui ils ont été envoyés de la Chine par le traducteur.

C'est le fruit d'une correspondance suivie que ce Ministre, plein de zèle pour le progrès de nos connoissances, entretient, par la permission du Roi, avec des Lettrés Chinois que Sa Majesté a honorés de sa protection et qu'elle a comblés de ses bienfaits, pendant le séjour qu'ils ont fait en France.[9] Cette correspondance devient de plus en plus intéressante et utile aux Sciences et aux Arts, par les Mémoires que ces Lettrés envoient tous les ans, et que le Ministre se fait un plaisir de communiquer par la voie de l'impression.

Tel est celui du P. Amiot, ouvrage qui a dû coûter beaucoup de peines à ce savant Missionnaire, déjà connu par la traduction d'un poème de l'Empereur de la Chine, contenant l'éloge de la ville de Moukden, qui avoit été envoyé à la Bibliothèque du Roi, et que j'ai fait imprimer l'année dernière. J'ai apporté les mêmes soins et je me suis fait un devoir de le donner tel que le P. Amiot l'a envoyé ; j'ai seulement transposé quelques-unes de ses notes ; j'en ai divisé quelques autres ; j'ai supprimé quelques avis que l'impression rendoit inutiles ou qui étaient répétés en différents endroits ; j'ai réuni ou rapproché plusieurs observations qui m'ont paru devoir l'être ; j'y ai ajouté une table des matières. Du reste, je me suis attaché à rendre cette édition entièrement conforme à l'original que le P. Amiot a paraphé lui-même à la fin de chaque Chapitre, dans la crainte que son manuscrit ne tombât en d'autres mains et ne fût altéré.

"Il est arrivé, dit-il, plus d'une fois que sous prétexte de corriger ou de donner une nouvelle forme aux ouvrages qu'on reçoit des pays si éloignés, on les a tronqués ou défigurés, soit en ajoutant où il n'étoit pas à propos de le faire, soit en retranchant ce qu'il falloit conserver, soit enfin en voulant donner le tout à la manière, qu'on croit préférable à celle des Auteurs ; en conséquence, au lieu de donner des connoissances sures et exactes, on n'a fait que multiplier les erreurs ou confirmer les fausses idées qu'on avoit d'abord conçues sur des rapports précipités ou peu fidèles : tout au moins on a obscurci les objets, au lieu de les éclairer. Il me semble qu'on devroit se conduire à l'égard des écrits qui viennent de loin, comme on se conduit à l'égard des ouvrages qui sont déjà surannés et qu'on veut rajeunir : on ne se permet d'autres changements que ceux qui ont un rapport aux expressions et au style". C'est à quoi je me suis borné dans l'impression de ce recueil.

Parmi les ouvrages militaires composés par les Chinois, il y en a six auxquels ils donnent le nom de King ou de classiques, ce sont ceux sur lesquels tout Militaire doit subir un examen.
Le premier est intitulé Sun-tse.
Le second, Ou-tse.
Le troisième, Se-ma-fa.
Le quatrième, Lou-tao.
Le cinquième, Leao-tse.
Le sixième, Tai-tsoung, Il-ouei-kong.

Le P. Amiot n'a traduit que les trois premiers de ces ouvrages. Il a envoyé le Sun-tse et l'Ou-tse en 1766, et ils sont arrivés l'année suivante. Il y a joint un Ouvrage fait par ordre de l'Empereur Yong-tcheng, concernant la conduite que les troupes doivent tenir, et il a mis à la fin les exercices et les évolutions des troupes Chinoises, avec les dessins nécessaires. Le troisième, ou le Se-ma-fa, est arrivé en 1769. Le P. Amiot paroît avoir quelque envie de continuer ce travail : s'il l'envoie, et si le Public reçoit favorablement celui-ci, on pourra donner la suite.
Voilà ce que j'ai rassemblé, de quelques notes qui étaient éparses dans l'Ouvrage du P. Amiot. Qu'il me soit permis d'y ajouter quelques observations sur les Ouvrages qu'il a traduits.
Tous sont en Chinois à la Bibliothèque du Roi, dans un recueil qui est intitulé Vou-king, c'est-à-dire, Livres classiques des Militaires. Le

premier est Sun-tse : son vrai titre est Sun-tse-ping-fa, c'est-à-dire, Règles de l'Art Militaire par Sun-tse ou Sun-vou.

Cet Ouvrage étoit en quatre-vingt-deux Chapitres ; il n'en reste que treize. Un Empereur de la Chine, nommé Vou-ti, de la Dynastie des Goei, qui vivoit vers l'an 424 de J.C. a fait un commentaire très estimé, qui est intitulé Goei-vou-tchu-sun-tse. Il y a paru plusieurs commentaires de l'Ouvrage de Sun-tse, sous la Dynastie des Tang et sous celle des Song.

Le second est nommé Ou-tse, autrement Ou-ki.Ou-tse étoit du Royaume de Ouei ou Goei. Le Père Amiot en parle dans sa Préface.

Le troisième est Se-ma-jang-kiu, que l'on appelle communément Se-ma, nom de sa dignité. Il étoit du Royaume de Tsi, et vivoit sous les Tcheou, avant J.C Son ouvrage est intitulé Se-ma-ping-fa, ou Règles de l'Art Militaire par Se-ma.

Le quatrième est intitulé Ven-toui, c'est-à-dire, demandes et réponses. Les demandes sont proposées par Li-chi-min ou Li-che-min et Li-tsing-yo y répond. Li-chi-min est le même que Tai-tsong, Empereur de la Dynastie des Tang. Ce petit traité sur l'Art Militaire est divisé en trois parties. Il-tsing-yo, autrement dit Tsing-yo-se, portoit le titre de Goei-kong ou Ouei-kong. Le Père Amiot qui en parle dans sa Préface sur le Lou-tao, le nomme Tching-yao-che, ce qui est une faute de copiste ; il faudroit dire, conformément à sa prononciation, Tching-yo-che. Tai-tsong vivoit l'an 627 de J.C.

Le cinquième, dans l'édition de la Bibliothèque du Roi, est le livre intitulé Goei-leao-tse. Le P. Amiot, qui en parle,[10] le nomme Yu-leao-tse. Ce Goei-leao-tse vivoit avant l'Ere Chrétienne : on ignore de quelle province il étoit. Son ouvrage, en forme de dialogue, est divisé en vingt-quatre articles assez courts ; l'Auteur y remonte à l'origine de l'Art Militaire sous Hoang-ti. Plusieurs Savants ont fait des commentaires sur cet ouvrage.

Le sixième est le San-lio, composé par Hoang-che-kong, qui vivoit, à ce que l'on croit, sous la Dynastie des Tsin, avant J.C. Il est divisé en trois parties.

Le septième et dernier est intitulé Lou-tao, et il est attribué à Liu-vang, le même que Tai-kong, qui vivoit 1122 avant J.C. au commencement de la Dynastie des Tcheou. Cet Ouvrage est partagé en soixante petits articles ; le P. Amiot en a traduit seulement le vingt-unième, qui traite de l'établissement du Général, et les vingt-quatrième et vingt-cinquième, qui tous les deux ont pour objet la manière de se communiquer les secrets. Ils sont réunis tous les deux dans l'article II de l'extrait de Lou-tao.

Voilà les Ouvrages fondamentaux sur l'Art Militaire chez les Chinois. Les deux éditions de ce recueil, qui sont dans la bibliothèque du Roi, sont numérotées 353 et 354 : l'une et l'autre renferment les mêmes ouvrages ; mais dans celle qui est numérotée 354, les commentaires sont beaucoup plus étendus, et l'on a mis à la tête un petit Traité de l'exercice de la flèche, tant à pied qu'à cheval, avec les figures. Cette édition a été faite sous le règne de Kang-hi, mort en 1722 ; l'autre, sous celui de Van-il, qui mourut l'an 1620 de J.-C.

Les planches qui accompagnent la traduction du Père Amiot sont copiées fidelement d'après les dessins enluminés qu'il a envoyés ; on a simplement réduit ces dessins, qui étaient plus grands.

A juger des Chinois par leurs moeurs, par leurs coutumes, par leurs Loix, par la forme de leur Gouvernement, et en général par tout ce qui s'observe aujourd'hui parmi eux, on conluroit, sans hésiter, que ce doit être la Nation du monde la plus pacifique et la plus éloignée d'avoir les brillantes qualités qui font les Guerriers.

Leur génie, naturellement doux, honnête, souple et pliant, doit les rendre beaucoup plus propres au commerce de la vie, qu'aux actions militaires et au tumulte des armes. Leur cœur, toujours susceptible de la crainte des châtiments, toujours resserré entre les bornes d'une obéissance aveugle envers tous ceux que la Province a placés sur leur tête, doit être comme incapable de former ces projets hardis qui font les Héros. Leur esprit, toujours étouffé, dès l'enfance, par un nombre presque infini de petites pratiques, fait que dans l'âge même le plus bouillant, le sang ne semble couler dans leurs veines qu'avec une lenteur qui fait l'étonnement de tous les Européens. Leurs préjugés, ou, si l'on veut, leur bon sens, ne leur font envisager qu'avec une espèce d'horreur cette triste nécessité, où des hommes se trouvent quelquefois réduits, d'attenter à la vie d'autres hommes. Tout cela réuni doit contribuer, à la vérité, à faire des fils respectueux, de bons pères de famille, de fidèles sujets et d'excellents citoyens, mais ne doit pas, ce me semble, inspirer du courage au soldat, de la valeur à l'Officier ni des vues au Général.

Cependant cette même Nation, depuis près de quatre mille ans qu'elle subsiste dans l'état à-peu-près où on la voit aujourd'hui, a toujours, ou presque toujours, triomphé de ses ennemis ; et lorsqu'elle a eu le malheur d'être vaincue, elle a donné la loi aux vainqueurs eux-mêmes. Ses Annales nous exposent sans fard le bon et le mauvais de chaque Dynastie. Comme elles sont écrites avec simplicité qui caractérise si bien le vrai, il me semble qu'on ne peut, sans quelque témérité, révoquer en doute ce qu'elles renferment. On y voit de temps en temps des traits de lâcheté qu'on auroit de la peine à trouver ailleurs ; mais plus souvent encore on y admire des prodiges de bravoure, et un total d'actions et de conduite militaires dont ailleurs aussi il n'y a pas d'exemples bien fréquents.

Un Ou-ouang,[11] un Kao-ti,[12] un Han-si, un Tan-tao-tsi,[13] un Ouen-ti,[14] un Ou-ti,[15] un Tai-tsou,[16] un Che-tsou,[17] et presque tous les Fondateurs de Dynastie, quels Politiques ! Quels Guerriers ! Quels Héros ! Non, les Alexandres et les Césars ne les surpassent point. D'ailleurs, ces grands hommes, ces puissants génies, qui ont fait de si belles Loix pour le Politique et le Civil, ne peuvent-ils pas en avoir fait d'aussi belles pour ce qui concerne le Militaire ? Il ne me convient pas de m'ériger en juge sur cette matière ; c'est à nos Guerriers qu'il appartient de prononcer à cet égard.

Le premier des Ouvrages que je leur présente, est le plus estimé de tous : il a été composé par Sun-tse, un des plus vaillants et des plus habiles Généraux que la Chine ait eus. Les Chinois font si grand cas de cet Ouvrage, qu'ils le regardent comme un chef-d'oeuvre en ce genre, comme un vrai modèle, et comme un précis de tout ce qu'on peut dire sur l'art des Guerriers.

Leurs Docteurs d'armes (car la Milice a ici ses Docteurs comme les Lettres), leurs Docteurs d'armes, dis-je, ne sont parvenus au grade qui les distingue, que parce qu'ils ont su l'expliquer, ou en commenter simplement quelques articles, dans l'examen qu'on leur a fait subir avant que de les admettre.

Le Second, composé par Ou-tse, va presque de pair, et n'a pas moins une approbation universelle. Celui qui l'a composé est un autre Héros, dont les brillantes actions sont un des principaux ornements de l'Histoire de son temps. Le grand Empereur Kang-hi fit traduire en Langue Tartare-Mantchou l'un et l'autre de ces Ouvrages, pour les mettre entre les mains des Tartares ; et aujourd'hui même, il n'est personne qui se crût en état d'être à la tête des troupes, s'il ne savoit par coeur son Sun-tse et son Ou-tse. Ces deux Auteurs, disent les Chinois, sont dans leur genre ce que Confucius et Mong-tse sont dans le leur. Ceux-ci forment des Philosophes, des hommes vertueux, des Sages ; ceux-là forment de bons Soldats, de grands Capitaines, d'excellents Généraux. Se-ma et les autres qui ont écrit sur l'Art Militaire, ont également leur mérite ; ils sont néanmoins d'un rang inférieur, et on peut parvenir à être Bachelier et Docteur même dans la Science

Militaire, sans les savoir ou sans les avoir lus. Cependant, quoique ceux qui veulent s'élever par la voie des armes, ne soient pas obligés à la rigueur de prendre des leçons dans l'ouvrage de Se-ma, et dans les autres Auteurs du second rang, il est fort rare qu'ils ne les lisent, qu'ils ne les apprennent, et qu'ils ne les sachent du moins en substance. Le livre de Se-ma jouit d'une estime universelle ; c'est ce qui m'a déterminé à en donner la traduction, que l'on trouvera après les deux Auteurs dont j'ai parlé.

Comme le goût des Chinois est aussi différent du nôtre, que nos usages, nos moeurs et nos coutumes diffèrent des leurs ; il pourra se faire que ce qui est si fort estimé chez eux, ne soit regardé chez nous qu'avec une certaine indifférence. Ainsi ceux qui pourroient avoir la curiosité de lire les Ouvrages de Sun-tse et des autres qui ont écrit sur l'Art Militaire, ne doivent pas s'attendre à y trouver des détails amusants, des préceptes instructifs ni des pratiques pour le pays où ils vivent.

Si j'avois un conseil à donner, je dirois volontiers qu'ils ne doivent se proposer d'autre but que celui de savoir ce qu'on a pensé dans les pays lointains, et dans les temps reculés, sur un Art connu de toutes les Nations, mais différemment exercé par chacune d'elles ; je dirois encore qu'ils doivent se rappeler de temps en temps que ce sont des Auteurs chinois qu'ils lisent, et que ce sont des Chinois qui leur parlent françois : alors ils excuseront facilement les défauts qu'ils pourront rencontrer, et tout ce qui leur paraîtra n'être pas conforme aux lumières de leur raison, à leur expérience et à leur bon goût.

Cependant si, contre mon attente, il arrivoit qu'on eût quelque agrément à converser avec ces Héros étrangers et à recevoir quelques-unes de leurs instructions, j'en aurois moi-même une satisfaction bien grande ; et je serois dédommagé de mon travail, si, avec l'agrément, on y trouvoit encore l'utile. C'est principalement dans cette dernière vue que j'ai entrepris un travail si contraire à mon goût, et si éloigné de l'objet de ma profession. Ce n'est pas sans avoir vaincu bien des obstacles que je l'ai conduit à la fin. Le laconisme, l'obscurité, disons mieux, la difficulté des expressions chinoises n'est pas un des moindres ; cent fois rebuté, j'ai abandonné cent fois une entreprise que je croyais être, et qui étoit en effet au-dessus de mes forces : j'y renonçois entièrement, lorsque le hasard me remit sur les voies, dans le temps même que mes occupations sembloient devoir m'en éloigner davantage. Voici, en peu de mots, quelle en a été l'occasion.

Quelques Seigneurs Tartares de la plus haute qualité, et qui tenoient un rang distingué dans les troupes, s'étaient attiré la disgrâce du

Souverain. La confiscation de ce qu'ils possédoient fut une des peines qu'ils subirent. On dépouilla leurs maisons, et on vendit publiquement leurs meubles. Une personne de confiance, que j'avois chargée depuis plus d'un an de ramasser les livres qu'elle pourroit trouver sur la guerre, étant allée dans le lieu où se font ces sortes de ventes, jetta les yeux sur les livres qui y étaient exposés ; elle vit, entre autres, un manuscrit, dans lequel se trouvoit la collection des bons Auteurs, qui ont écrit sur l'Art Militaire, avec des notes qui en étaient une espèce de commentaire, pour le développement et l'entière intelligence du texte ; elle se rappela la commission que je lui avois donnée, et n'hésita point sur le parti qu'elle avoit à prendre. Toute cette collection étoit traduite en Tartare-Mandchou. J'apprenois alors cette Langue ; celui que j'avois pour Maître, fils et petit-fils d'Officier, Militaire lui-même, me fit un grand éloge de l'acquisition que je venois de faire ; il voulut même que nous en expliquassions quelque chose ensemble, s'offrant de me donner tous les éclaircissements nécessaires sur un art dans lequel il avoit vieilli, m'assurant de plus que le style en étant clair, pur et élégant, je ne pourrois que profiter infiniment dans cette lecture.

Je consentis sans peine à ce qu'il exigeoit de moi. On apprend à s'exprimer en latin, naturellement et avec délicatesse, en lisant les Commentaires de César : pourquoi n'apprendroit-on pas à bien parler tartare en étudiant dans des Commentaires faits pour former des Césars Mantchous ? Telle fut la réflexion que je fis alors. A peu près vers le même temps, j'appris qu'en France on étoit curieux d'avoir des connoissances sur la Milice Chinoise ; ce fut pour moi un nouveau motif qui acheva de me déterminer. J'entrepris donc, non pas de traduire littéralement, mais de donner une idée de la manière dont les meilleurs Auteurs Chinois parlent de la guerre, d'expliquer d'après eux leurs préceptes militaires, en conservant leur style autant qu'il m'a été possible, sans défigurer notre Langue, et en donnant quelque jour à leurs idées, lorsqu'elles étaient enveloppées dans les ténèbres de la métaphore, de l'amphibologie, de l'énigme ou de l'obscurité. Je me suis servi pour cela, non seulement du manuscrit tartare dont je viens de parler, mais encore des Commentateurs Chinois, anciens et modernes.

On a un grand avantage lorsqu'on possède les deux Langues, je veux dire la Langue Chinoise et celle des Tartares-Mandchous.

Lorsqu'on ne comprend pas le Chinois, on a recours au Tartare, et lorsqu'on est embarrassé de retrouver le vrai sens dans le Tartare, on ouvre le Livre Chinois ; ou, si l'on veut mieux faire, on les a continuellement l'un et l'autre sous les yeux. C'est la conduite que j'ai tenue pendant le cours de mon travail, qui a été de bien des années. Je n'ai pas négligé de consulter les personnes habiles, lorsque je l'ai cru nécessaire. Néanmoins il est arrivé bien des fois, malgré leurs longues explications et leurs prétendus éclaircissements, que le secours de leurs lumières ne m'a guère éclairé.

Tous les hommes ont à peu près les mêmes idées ; mais chaque Nation a sa manière propre de les développer, toujours conformément à son génie, et conséquemment à la nature de la langue qu'elle parle. Ce qui me paroît clair, brillant, pompeux et magnifique chez les unes, est embrouillé et plein d'obscurités, fade et insipide chez les autres. Les Chinois ont cela de particulier, que leur Langue ne ressemble en rien à aucune de celles qu'on parle dans le reste du monde, si l'on excepte quelques Nations limitrophes, qui probablement leur doivent leur origine. Cette Langue singulière, que les Japonais appellent la Langue de confusion, ne présente que des difficultés à un Européen, sous quelque point de vue qu'il l'envisage. Les caractères qui sont faits pour exprimer les idées chinoises, sont comme ces belles peintures dans lesquelles le commun, ou les connoisseurs médiocres ne voient qu'en gros l'objet représenté, ou tout au plus une partie des beautés qu'elles renferment, tandis qu'un vrai connoisseur y découvre toutes celles que l'Artiste a voulu exprimer.

La Langue Tartare, beaucoup plus claire, sans comparaison, méthodique même comme nos Langues d'Europe, a néanmoins ses difficultés : elle n'explique souvent certaines obscurités chinoises que par d'autres obscurités, parce que la plupart des Traducteurs, fidèles à la lettre, ne s'embarrassent pas trop du sens. Comme ces deux Nations ne sont plus aujourd'hui qu'une seule et même Nation, leur éducation, leur manière de penser, d'envisager les choses et de les représenter est à peu près la même ; ce qui fait que, ce qu'on n'a pas compris dans le Chinois, on ne le comprend pas quelquefois non plus dans le Tartare. Que sais-je encore si par la communication que j'ai moi-même avec les Tartares et les Chinois, et par la lecture assidue des Ouvrages composés dans leur Langue, mes idées ne se ressentent pas un peu du climat que j'habite depuis de longues années, et si mon langage n'est pas une espèce de jargon inintelligible pour un François qui fait son séjour dans sa patrie ? Si cela est, les Lecteurs équitables m'excuseront sans peine, et diront du moins, laudo conatum ; c'est tout ce que je demande d'eux. Afin de ne rien omettre de ce qui a été fait pour les Militaires de ces contrées, je joins ici la traduction d'un petit livre qu'Yong-tcheng, fils de Kang-hi et père de l'Empereur régnant, a composé autrefois pour l'instruction des troupes, comme membres de la société civile.[18] J'ai cru qu'on verroit avec quelque plaisir quelle est la doctrine qu'on propose ici aux Gens de guerre. Le premier soin d'un Empereur de la Chine est de travailler à faire de bons citoyens ; il tâche ensuite de faire de bons guerriers. L'Empereur Yong-tcheng a divisé son Ouvrage en dix chapitres, qu'il a intitulés les dix Préceptes faits pour les Gens de guerre.

De tous ceux que je mets au jour, celui-ci est le dernier en date ; et il est même, de tous, celui qui a le moins de rapport à la guerre : cependant comme il a été composé par un Souverain, et que c'est pour des guerriers que ce Prince l'a composé,[19] je le place à la tête des autres Ouvrages Militaires.

Avant que d'exposer les Ouvrages de Sun-tse, il convient, disent les Commentateurs, de faire connoître la personne, et de donner une idée de ses talents pour former les troupes et pour en entretenir la discipline militaire. Voici en peu de mots comment ils remplissent ce double objet, et l'Histoire vraie ou supposée qu'ils racontent de ce Général.

Sun-tse, disent-ils, né sujet du Roi de Tsi,[20] étoit l'homme le plus versé qu'il y ait eu dans l'art militaire. L'Ouvrage qu'il a composé et les grandes actions qu'il a faites, sont une preuve de sa profonde capacité et de son expérience consommée en ce genre. Avant même qu'il eût acquis cette grande réputation qui le distingua depuis dans toutes les Provinces qui composent aujourd'hui l'Empire, et dont la plupart portoient alors le nom de Royaume, son mérite étoit connu dans tous les lieux voisins de la patrie.

Le Roi de Ou[21] avoit quelques démêlés avec les Rois de Tchou[22] et de Ho-lou.[23] Ils étaient sur le point d'en venir à une guerre ouverte, et de part et d'autre on en faisoit les préparatifs. Sun-tse ne voulut pas demeurer oisif. Persuadé que le personnage de spectateur n'étoit pas fait pour lui, il alla se présenter au Roi de Ou pour obtenir de l'emploi dans les armées. Le Roi, charmé qu'un homme de ce mérite se rangeât dans son parti, lui fit un très bon accueil. Il voulut le voir et l'interroger lui-même. "Sun-tse, lui dit-il, j'ai vu l'Ouvrage que vous avez composé sur l'art militaire, et j'en ai été content ; mais les préceptes que vous donnez me paroissent d'une exécution bien difficile ; il y en a même quelques-uns que je crois absolument impraticables : vous-même, pourriez-vous les exécuter ? Car il y a loin de la théorie à la pratique. On imagine les plus beaux moyens lorsqu'on est tranquille dans son cabinet et qu'on ne fait la guerre qu'en idée ; il n'en est pas de même lorsqu'on se trouve dans l'occasion. Il arrive alors qu'on regarde souvent comme impossible ce qu'on avoit envisagé d'abord comme fort aisé".

Prince, répondit Sun-tse, je n'ai rien dit dans mes Ecrits que je n'aie déjà pratiqué dans les armées ; mais ce que je n'ai pas encore dit, et dont cependant j'ose assurer aujourd'hui Votre Majesté, c'est que je suis en état de le faire pratiquer par qui que ce soit, et de le former aux exercices militaires quand j'aurai l'autorité pour le faire.

Je vous entends, répliqua le Roi : vous voulez dire que vous instruirez aisément de vos maximes, des hommes intelligents, et qui auront déjà la prudence et la valeur en partage ; que vous formerez sans beaucoup de peine aux exercices militaires, des hommes accoutumés au travail, dociles, et pleins de bonne volonté. Mais le grand nombre n'est pas de cette espèce.

N'importe, répondit Sun-tse : j'ai dit qui que ce soit, et je n'excepte personne de ma proposition : les plus mutins, les plus lâches et les plus foibles y sont compris.

A vous entendre, reprit le Roi, vous inspireriez même à des femmes les sentiments qui font les Guerriers ; vous les dresseriez aux exercices des armes.

Oui, Prince, répliqua Sun-tse d'un ton ferme, et je prie Votre Majesté de n'en pas douter.

Le Roi, que les divertissements ordinaires de la Cour n'amusoient plus guère dans les circonstances où il se trouvoit alors, profita de cette occasion pour s'en procurer d'un nouveau genre. Qu'on m'amène ici, dit-il, cent quatre-vingts de mes femmes. Il fut obéi, et les Princesses parurent. Parmi elles il y en avoit deux en particulier que le Roi aimoit tendrement ; elles furent mises à la tête des autres. Nous verrons, dit le Roi en souriant, nous verrons, Sun-tse, si vous nous tiendrez parole. Je vous constitue Général de ces nouvelles troupes. Dans toute l'étendue de mon palais vous n'avez qu'à choisir le lieu qui vous paraîtra le plus commode pour les exercer aux armes. Quand elles seront suffisamment instruites, vous m'avertirez et j'irai moi-même pour rendre justice à leur adresse et à votre talent.

Le Général, qui sentit tout le ridicule du personnage qu'on vouloit lui faire jouer, ne déconcerta pas, et parut au contraire très satisfait de l'honneur que lui faisoit le Roi, non seulement de lui laisser voir les femmes, mais encore de les mettre sous sa direction. Je vous en rendrai bon compte, Sire, lui dit-il d'un ton assuré, et j'espère que dans peu Votre Majesté aura lieu d'être contente de mes services ; elle sera convaincue, tout au moins, que Sun-tse n'est pas homme à s'avancer témérairement.

Le Roi s'étant retiré dans un appartement intérieur, le Guerrier ne pensa plus qu'à exécuter sa commission. Il demanda des armes et tout l'équipage militaire pour ses soldats de nouvelle création ; et en attendant que tout fût prêt, il conduisit la troupe dans une des cours du palais, qui lui parut la plus propre pour son dessein. On ne fut pas longtemps sans lui apporter ce qu'il avoit demandé. Sun-tse adressant la parole aux Princesses : Vous voilà, leur dit-il, sous ma direction et sous mes ordres : vous devez m'écouter attentivement, et m'obéir dans tout ce que je commanderai. C'est la première et la plus essentielle des lois militaires : gardez-vous bien de l'enfreindre. Je veux que dès demain vous fassiez l'exercice devant le Roi, et je compte que vous vous en acquitterez exactement.

Après ces mots il les ceignit du baudrier, leur mit une pique à la main, les partagea en deux bandes, et mit à la tête de chacune, une des Princesses favorites. Cet arrangement étant fait, il commence ses instructions en ces termes : Distinguez-vous bien votre poitrine d'avec votre dos, et votre main droite d'avec votre main gauche ? Répondez. Quelques éclats de rire furent toute la réponse qu'on lui donna d'abord. Mais comme il gardoit le silence et tout son sérieux : Oui, sans doute, lui répondirent ensuite les Dames d'une commune voix. Cela étant, reprit Sun-tse, retenez bien ce que je vais dire. Lorsque le tambour ne frappera qu'un seul coup, vous resterez comme vous vous trouvez actuellement, ne faisant attention qu'à ce qui est devant votre poitrine. Quand le tambour frappera deux coups, il faut vous tourner de façon que votre poitrine soit dans l'endroit où étoit ci-devant votre main droite. Si au lieu de deux coups vous en entendiez trois, il faudrait vous tourner de sorte que votre poitrine fût précisément dans l'endroit où étoit auparavant votre main gauche. Mais lorsque le tambour frappera quatre coups, il faut que vous vous tourniez de façon que votre poitrine se trouve où étoit votre dos, et votre dos où étoit votre poitrine.

Ce que je viens de dire n'est peut-être pas assez clair : je m'explique. Un seul coup de tambour doit vous signifier qu'il ne faut pas changer de contenance, et que vous devez être sur vos gardes : deux coups, que vous devez vous tourner à droite : trois coups, qu'il faut vous tourner à gauche ; et quatre coups, que vous devez faire le demi-tour. Je m'explique encore.

L'ordre que je suivrai est tel : Je ferai d'abord frapper un seul coup : à ce signal vous vous tiendrez prêtes à ce que je dois vous ordonner. Quelques moments après je ferai frapper deux coups : alors, toutes ensemble, vous vous tournerez à droite avec gravité ; après quoi je ferai frapper non pas trois coups, mais quatre, et vous achèverez le demi-tour. Je vous ferai reprendre ensuite votre première situation, et, comme auparavant, je ferai frapper un seul coup. Recueillez-vous à ce premier signal. Ensuite je ferai frapper, non pas deux coups, mais trois, et vous

vous tournerez à gauche ; aux quatre coups vous achèverez le demi-tour. Avez-vous bien compris ce que j'ai voulu vous dire ? S'il vous reste quelque difficulté, vous n'avez qu'à me la proposer, je tâcherai de vous satisfaire. Nous sommes au fait, répondirent les Dames. Cela étant, reprit Sun-tse, je vais commencer. N'oubliez pas que le son du tambour vous tient lieu de voix du Général, puisque c'est par lui qu'il vous donne ses ordres.

Après cette instruction répétée trois fois, Sun-tse rangea de nouveau sa petite armée ; après quoi il fait frapper un coup de tambour. A ce bruit toutes les Dames se mirent à rire : il fait frapper deux coups, elles rirent encore plus fort. Le Général, sans perdre son sérieux, leur adressa la parole en ces termes : Il peut se faire, que je ne me sois pas assez clairement expliqué dans l'instruction que je vous ai donnée. Si cela est, je suis en faute ; je vais tâcher de la réparer en vous parlant d'une manière qui soit plus à votre portée (et sur-le-champ il leur répéta jusqu'à trois fois la même leçon en d'autres termes) : puis, nous verrons, ajouta-t-il, si je serai mieux obéi. Il fait frapper un coup de tambour, il en fait frapper deux. A son ton grave, et à la vue de l'appareil bizarre où elles se trouvoient, les Dames oublièrent qu'il falloit obéir. Après s'être fait quelques moments de violence pour arrêter le rire qui les suffoquoit, elles le laissèrent enfin échapper par des éclats immodérés.

Sun-tse ne se déconcerta point ; mais du même ton dont il leur avoit parlé auparavant, il leur dit : Si je ne m'étois pas bien expliqué, ou que vous n'eussiez pas assuré, d'une commune voix, que vous compreniez ce que je voulois vous dire, vous ne seriez point coupables : mais je vous ai parlé clairement, comme vous l'avez avoué vous-mêmes ; pourquoi n'avez-vous pas obéi ? Vous méritez punition, et une punition militaire. Parmi les Gens de Guerre, quiconque n'obéit pas aux ordres de son Général, mérite la mort : vous mourrez donc. Après ce court préambule, Sun-tse ordonna à celles des femmes qui formoient les deux rangs de tuer les deux qui étaient à leur tête. A l'instant, un de ceux qui étaient préposés pour la garde des femmes, voyant bien que le Guerrier n'entendoit pas raillerie, se détache pour aller avertir le Roi de ce qui se passoit. Le Roi dépêche quelqu'un vers Sun-tse pour lui défendre de passer outre, et en particulier de maltraiter les deux femmes qu'il aimoit le plus et sans lesquelles il ne pouvoit pas vivre.

Le Général écouta avec respect les paroles qu'on lui portoit de la part du Roi ; mais il ne déféra pas pour cela à ses volontés. Allez dire au Roi, répondit-il, que Sun-tse, le croit trop raisonnable et trop juste pour penser qu'il ait si-tôt changé de sentiment, et qu'il veuille véritablement être obéi dans ce que vous venez annoncer de sa part. Le Prince fait la loi ; il ne sauroit donner des ordres qui avilissent la dignité dont il m'a revêtu. Il m'a chargé de dresser aux exercices des armes cent quatre-vingt de ses Femmes, il m'a constitué leur Général ; c'est à moi de faire le reste. Elles m'ont désobéi, elles mourront. A peine eut-il prononcé ces derniers mots, qu'il tire son sabre, et du même sang-froid qu'il avoit témoigné jusqu'alors, il abat la tête aux deux qui commandoient les autres. Aussi-tôt il en met deux autres à leur place, fait battre les différents coups de tambour dont il étoit convenu avec sa troupe ; et comme si ces femmes eussent fait toute leur vie le métier de la guerre, elles se tournèrent en silence et toujours à propos.

Sun-tse adressant la parole à l'Envoyé : Allez avertir le Roi, lui dit-il, que ses femmes savent faire l'exercice ; que je puis les mener à la guerre, leur faire affronter toute sorte de périls, et les faire passer même au travers de l'eau et du feu.

Le Roi ayant appris tout ce qui s'étoit passé, fut pénétré de la plus vive douleur. J'ai donc perdu, dit-il en poussant un grand soupir, j'ai donc perdu ce que j'aimois le plus en ce monde... Que cet Etranger se retire dans son pays. Je ne veux ni de lui, ni de ses services... Qu'as-tu fait, barbare ?... Comment pourrai-je vivre désormais, etc.

Quelque inconsolable que le Roi parût, le temps et les circonstances lui firent bientôt oublier sa perte. Les ennemis étoient prêts à fondre sur lui ; il redemanda Sun-tse, le fit Général de ses armées, et par son moyen il détruisit le Royaume de Tchoul. Ceux de ses voisins qui lui avoient donné le plus d'inquiétudes auparavant, pénétrés de crainte au seul bruit des belles actions de Sun-tse, ne pensèrent plus qu'à se tenir en repos sous la protection d'un Prince qui avoit un tel homme à son service.

Telle est l'idée que les Chinois donnent de leur Héros. De l'événement qu'ils racontent, et que je viens de raconter après eux, soit qu'il soit réel, soit qu'il soit supposé, on conclut généralement que la sévérité est la base sur laquelle appuie la plus grande autorité du Général. Cette maxime, qui peut-être n'est pas bonne chez les Nations d'Europe, est excellente pour les Asiatiques, chez qui l'honneur n'est pas toujours le premier mobile.

LIVRET 2

DEUXIÈME PARTIE : LES XIII ARTICLES SUR L'ART MILITAIRE PAR SUN TSE

5

ARTICLE PREMIER : FONDEMENTS DE L'ART MILITAIRE

Sun-tse dit : les troupes sont la grande affaire d'un Etat ; c'est d'elles que dépendent la vie ou la mort des Sujets, l'agrandissement ou la décadence de l'Empire : ne pas faire de sérieuses réflexions sur ce qui les concerne, ne pas travailler à les bien régler, c'est montrer une trop grande indifférence pour la conservation ou pour la perte de ce qu'on a de plus cher, et c'est ce qu'on ne doit pas trouver parmi nous. Cinq choses principales doivent faire l'objet de nos continuelles méditations, et de tous nos soins.[24]

Semblables à ces fameux Artistes, qui, ayant entrepris quelque chef-d'oeuvre de leur Art, ont toujours présent à l'esprit le but qu'ils se sont proposé, mettent à profit tout ce qu'ils voient, tout ce qu'ils entendent, et n'oublient rien pour se procurer de nouvelles connoissances et tous les secours qui peuvent les conduire heureusement à leur fin. Si nous voulons que la gloire et les succès accompagnent nos armes, nous ne devons jamais perdre de vue la Doctrine et la Discipline.[25]

La Doctrine nous fera naître à tous des sentiments uniformes ; elle nous inspirera une même manière de vivre et de mourir, et nous rendra également intrépides dans les malheurs et dans la mort.

Si nous connoissons bien le Ciel, nous n'ignorerons point ce que c'est que ces deux grands principes Yn et Yang ; nous saurons le temps de leur union et de leur mutuel concours pour la production du froid, du chaud, de la sérénité ou de l'intempérie de l'air.

La Terre n'est pas moins digne de notre attention que le Ciel ; étudions-la bien, et nous aurons la connaissance du haut et du bas, du loin comme du près, du large et de l'étroit, de ce qui demeure et de ce qui ne fait que passer.

La Doctrine, l'équité, l'amour pour ceux en particulier qui nous sont soumis et pour tous les hommes en général, la science des ressources, le courage et la valeur, telles sont les qualités qui doivent caractériser celui qui est revêtu de la dignité de Général ; vertus nécessaires, pour l'acquisition desquelles nous ne devons rien oublier : seules elles peuvent nous mettre en état de marcher dignement à la tête des autres.

Aux connoissances dont je viens de parler, il faut ajouter celle de la Discipline. Posséder l'art de ranger les troupes ; n'ignorer aucune des loix de la subordination et les faire observer à la rigueur ; être instruit des devoirs particuliers de chaque Officier subalterne ; savoir connoître les différents chemins par où on peut arriver à un même terme ; ne pas dédaigner d'entrer dans un détail exact de toutes les choses qui peuvent servir, et se mettre au fait de chacune d'elles en particulier ; tout cela ensemble forme un corps de discipline dont la connoissance pratique ne doit point échapper à la sagacité ni aux attentions d'un Général.

Vous donc, que le choix du Prince a placé à la tête des armées, jettez les fondements de votre science militaire sur les cinq principes que je viens d'établir ; la victoire suivra par-tout vos pas : vous n'éprouverez au contraire que les plus honteuses défaites, si, par ignorance ou par présomption, vous venez à les omettre ou à les rejetter.

Avec les connoissances que je viens d'indiquer, vous saurez quel est celui qui, parmi les Rois qui gouvernent le monde,[26] a le plus de doctrine et de vertus[27] ; vous connoîtrez les grands Généraux qui peuvent se trouver dans les différents Royaumes. Si c'est en temps de guerre, vous pourrez conjecturer assez sûrement quel est celui des rivaux qui doit l'emporter ; et si vous devez entrer vous-même en lice, vous pourrez raisonnable-ment vous flatter de devenir victorieux.

Avec ces mêmes connoissances, vous n'ignorerez point en quel temps le Ciel et la Terre seront d'accord[28] pour favoriser la sortie des troupes auxquelles vous prescrivez les routes qu'elles doivent tenir, et dont vous réglerez à propos toutes les marches ; vous ne commencerez ni ne terminerez jamais la campagne hors de saison ; vous connoîtrez le fort et le foible, tant de ceux qu'on aura confiés à vos soins, que des ennemis que vous aurez à combattre : vous saurez en quelle quantité et dans quel état se trouveront les munitions de guerre et de bouche des deux armées : vous distribuerez les récompenses avec libéralité, mais avec choix, et vous n'épargnerez pas les châtiments quand il en sera besoin.

Admirateurs de vos vertus et de votre bonne conduite : les Officiers Généraux ne se feront pas moins un plaisir délicat, qu'un rigoureux devoir de vous seconder. Ils entreront dans toutes vos vues, et leur exemple entraînant infailliblement celui des subalternes, les simples soldats concourront eux-mêmes de toutes leurs forces à vous assurer les plus glorieux succès. Vous serez estimé, respecté, chéri de votre nation, et les peuples voisins viendront avec joie se ranger sous les étendards du Prince que vous servez, ou pour vivre sous ses loix, ou pour obtenir simplement sa protection.[29]

C'est encore avec ces connoissances qu'également instruit de ce que vous pourrez et de ce que vous ne pourrez pas, vous ne formerez aucune entreprise, sans la conduire à une heureuse fin. Vous verrez ce qui sera loin de vous comme ce qui se passera sous vos yeux, et ce qui se passera sous vos yeux, comme ce qui en est le plus éloigné. S'il y a quelques dissentions parmi vos ennemis, vous en profiterez habilement pour attirer les mécontents dans votre parti. Les récompenses ne seront pas plus épargnées que les promesses et les dons.

Si vos ennemis sont plus puissants et plus forts que vous, vous ne les attaquerez point, vous éviterez avec un grand soin d'en venir aux mains avec eux ; vous cacherez toujours avec une extrême attention l'état où vous vous trouverez. Il y aura des occasions où vous vous abaisserez, et d'autres où vous affecterez d'avoir peur. Vous feindrez quelquefois d'être foible afin que vos ennemis, ouvrant la porte à la présomption et à l'orgueil, viennent ou vous attaquer mal-à-propos, ou se laissent surprendre eux-mêmes et tailler en pièces honteusement. Vous ferez en sorte que ceux qui vous sont inférieurs ne puissent jamais pénétrer vos desseins. Vous tiendrez vos troupes toujours alertes, toujours en mouvement et dans l'occupation, pour empêcher qu'elles ne se laissent amollir par un honteux repos. Vous ne souffrirez aucune dissention parmi vos gens, et vous n'oublierez rien pour les entretenir dans la paix, la concorde et l'union, comme s'ils se faisoient tous qu'une seule et même famille. Enfin votre sage prévoyance vous ayant fait supputer jusqu'où pouvoit aller la consommation des vivres et des autres choses d'un usage journalier, vous serez toujours abondamment pourvu de tout, et après les plus glorieux exploits, vous reviendrez dans le sein de votre famille pour y jouir tranquillement du fruit de votre victoire parmi les acclamations de vos concitoyens, qui ne cesseront de vous combler d'éloges, comme vous étant redevables de tous les avantages d'une douce paix. Telles sont, en général, les réflexions que ma propre expérience m'a dictées, et que je me fais un devoir de vous communiquer.

6

ARTICLES II : DES COMMENCEMENTS DE LA CAMPAGNE

Sun-tse dit : je suppose que vous commencez la campagne avec une armée de cent mille hommes, que vous êtes suffisamment pourvu des munitions de guerre et de bouche, que vous avez deux mille chariots, dont mille sont pour la course, et les autres uniquement pour le transport[30] ; que jusqu'à cent lieues de vous, il y aura par-tout des vivres pour l'entretien de votre armée[31] ; que vous faites transporter avec soin ce qui peut servir au raccommodage des armes et des chariots ; que les artisans et les autres qui ne sont pas du corps des soldats, vous ont déjà précédé ou marchent séparément à votre suite ; que toutes les choses qui servent pour des usages étrangers,[32] comme celles qui sont purement pour la guerre, sont toujours à couvert des injures de l'air et à l'abri des accidents fâcheux qui peuvent arriver. Je suppose encore que vous avez mille onces d'argent à distribuer aux troupes[33] chaque jour, et que leur solde est toujours payée à temps et dans la plus rigoureuse exactitude : dans ce cas vous pouvez aller droit à l'ennemi ; l'attaquer et le vaincre seront pour vous une même chose. Je dis plus : ne différez pas de livrer le combat, n'attendez pas que vos armes contractent la rouille, ni que le tranchant de vos épées s'émousse. S'il s'agit de prendre une ville, hâtez-vous d'en faire le siège ; tournez d'abord toutes vos vues de ce côté-là, dirigez là toutes vos forces : il faut ici tout brusquer ; si vous y manquez, vos troupes courent risque de tenir long-temps la campagne ;

en ce cas, de combien de malheurs n'allez-vous pas devenir la funeste source ? Les coffres du Prince que vous servez s'épuiseront, vos armes perdues par la rouille ne pourront plus vous servir, l'ardeur de vos soldats se ralentira, leur courage et leurs forces s'évanouiront, les provisions se consumeront, et peut-être même que vous trouverez-vous réduit aux plus fâcheuses extrémités. Instruits du pitoyable état où vous serez alors, vos ennemis sortiront tout frais, fondront sur vous, et vous tailleront en pièces. Quoique jusqu'à ce jour vous ayez joui d'une grande réputation, vous ne pourrez désormais vous montrer avec honneur. En vain dans d'autres occasions aurez-vous donné des marques éclatantes de votre valeur, toute la gloire que vous aurez acquise sera effacée par ce dernier trait. Je le répète ; on ne sauroit tenir les troupes long-temps en campagne, sans porter un très grand préjudice à l'Etat, et sans donner une atteinte mortelle à sa propre réputation.

Ceux qui possèdent les vrais principes de l'Art Militaire, n'y reviennent pas à deux fois. Dès la première campagne tout est fini ; ils ne consument pas pendant trois années de suite des vivres inutilement. Ils trouvent le moyen de faire subsister leurs armées aux dépens de l'ennemi, et épargnent à l'Etat les frais immenses qu'il est obligé de faire, lorsqu'il faut transporter bien loin toutes les provisions. Ils n'ignorent point, et vous devez le savoir aussi, que rien n'épuise tant un Royaume que les dépenses de cette nature ; car soit que l'armée soit aux frontières, ou qu'elle soit dans les pays éloignés, le peuple en souffre toujours ; toutes les choses nécessaires à la vie augmentent de prix, elles deviennent rares, et ceux même qui dans les temps ordinaires sont le plus à l'aise, n'ont bientôt plus de quoi les acheter. Le Prince se hâte de faire ramasser le tribut des denrées que chaque famille lui doit[34] ; et de la misère se répandant du sein des villes jusque dans les campagnes, des dix parties du nécessaire on est obligé d'en retrancher sept. Il n'est pas jusqu'au Souverain qui ne ressente sa part des malheurs communs. Ses cuirasses, ses casques, ses flèches, ses arcs, ses boucliers, ses chars, ses lances, ses javelots, tout cela se détruira. Les chevaux, les boeufs même qui labourent les terres du Domaine, dépériront, et des dix parties de la dépense ordinaire, il se verra contraint d'en retrancher six. C'est pour prévenir tous ces désastres qu'un habile Général n'oublie rien pour abréger les campagnes, et pour pouvoir vivre aux dépens de l'ennemi, ou tout au moins pour consumer les denrées étrangères, à prix d'argent, s'il le faut. Si l'armée ennemie a une mesure de grain dans son camp, ayez-en vingt dans le vôtre[35] ; si votre ennemi a cent vingt livres de fourrage pour ses chevaux, ayez-en deux mille quatre cents pour les vôtres.[36] Ne laissez échapper aucune occasion de l'incommoder, faites-le périr en détail, trouvez les moyens de l'irriter pour le faire tomber dans quelque piège ; diminuez ses forces le plus que vous pourrez, en lui faisant faire diversion, en lui tuant de temps en temps quelque parti, en lui enlevant de ses convois, de ses équipages, et d'autres choses qui pourront vous être de quelque utilité. Lorsque vos gens auront pris sur l'ennemi au-delà de dix chars, commencez par récompenser libéralement tant ceux qui auront conduit l'entreprise, que ceux qui l'auront exécutée. Employez ces chars aux mêmes usages que vous employez les vôtres, mais auparavant il faut en ôter les marques distinctives qui pourront s'y trouver.[37] Traitez bien les prisonniers, nourrissez-les comme vos propres soldats ; faites en sorte, s'il se peut, qu'ils se trouvent mieux chez vous qu'ils ne le seroient dans leur propre camp, ou dans le sein même de leur patrie. Ne les laissez jamais oisifs, tirez parti de leurs services avec les défiances convenables, et pour le dire en deux mots, conduisez-vous à leur égard comme s'ils étoient des troupes qui se fussent enrôlées librement sous vos étendards.[38] Si vous faites exactement ce que je viens de vous indiquer, les succès accompagneront tous vos pas, par-tout vous serez vainqueur, vous ménagerez la vie de vos soldats, vous affermirez votre pays dans ses anciennes possessions, vous lui en procurerez de nouvelles, vous augmenterez la splendeur et la gloire de l'Etat, et le Prince ainsi que les sujets vous seront redevables de la douce tranquillité dans laquelle ils couleront désormais leurs jours. Quels objets peuvent être plus dignes de votre attention et de vos efforts[39] !

7

ARTICLE III : DE CE QU'IL FAUT AVOIR PRÉVU AVANT LE COMBAT

Sun-tse dit : voici quelques maximes dont vous devez être pénétré avant que de vouloir forcer des villes, ou gagner des batailles.

Conserver les possessions et tous les droits du Prince que vous servez, voilà quel doit être le premier de vos soins : les agrandir en empiétant sur les ennemis, c'est ce que vous ne devez faire que lorsque vous y serez forcé.

Veiller au repos des villes de votre propre pays, voilà ce qui doit principalement vous occuper : troubler celui des villes ennemies, ce ne doit être que votre pis-aller. Mettre à couvert de toute insulte les villages amis, voilà ce à quoi vous devez penser : faire des irruptions sur les villages ennemis, c'est ce à quoi la nécessité seule doit vous engager.

Empêcher que les hameaux, que les chaumines même des sujets de votre Souverain ne souffrent le plus petit dommage, c'est ce qui mérite également votre attention : porter le ravage dans les hameaux ou chaumines de vos ennemis, c'est ce qu'une disette de tout doit seule vous faire entreprendre.[40]

Ces maximes une fois bien gravées dans votre coeur, vous pouvez aller attaquer des villes, ou donner des batailles, je suis garant du succès. Je dis plus : eussiez-vous cent combats à livrer, cent victoires en seroient le fruit. Cependant ne cherchez pas à dompter vos ennemis au prix des combats et des victoires ; car s'il y a des cas où ce qui est au-dessus du bon, n'est pas bon lui-même, c'en est ici un où plus on s'élève au-dessus du bon, plus on s'approche du pernicieux et du mauvais.

Sans donner de batailles, tâchez d'être victorieux : ce sera là le cas où plus vous vous élèverez au-dessus du bon, plus vous approcherez de l'incomparable et de l'excellent. Les grands Généraux en viennent à bout en découvrant tous les artifices de l'ennemi, en faisant avorter tous ses projets, en semant la discorde parmi ses gens, en les tenant toujours en haleine, en empêchant les secours étrangers qu'il pourroit recevoir, et en lui ôtant toutes les facilités qu'il pourroit avoir de se déterminer à quelque chose d'avantageux pour lui.

Si vous êtes forcé de faire l'attaque d'une place et de la réduire, disposez tellement vos chars,[41] vos boucliers et toutes les machines nécessaires pour monter à l'assaut, que tout soit en bon état lorsqu'il sera temps de l'employer. Faites en sorte sur-tout que la reddition de la place ne soit pas prolongée au-delà de trois mois. Si, ce terme expiré, vous n'êtes pas encore venu à bout de vos fins, sûrement il y aura eu quelques fautes de votre part ; n'oubliez rien pour les réparer.

A la tête de vos troupes, redoublez vos efforts ; en allant à l'assaut imitez la vigilance, l'activité, l'ardeur et l'opiniâtreté des fourmis.[42] Je suppose que vous aurez fait auparavant les retranchements et les autres ouvrages nécessaires, que vous aurez élevé des redoutes[43] pour découvrir ce qui se passe chez les assiégés, et que vous aurez paré à tous les inconvénients que votre prudence vous aura fait prévoir. Si avec toutes ces précautions, il arrive que de trois parties de vos soldats vous ayez eu le malheur d'en perdre une, sans pouvoir être victorieux, soyez convaincu que vous n'avez pas bien attaqué.

Un habile Général ne se trouve jamais réduit à de telles extrémités : sans donner des batailles, il fait l'art d'humilier ses ennemis ; sans répandre une goutte de sang, sans tirer même l'épée, il vient à bout de prendre les villes : sans mettre les pieds dans les Royaumes étrangers, il trouve le moyen de les conquérir ; et sans perdre un temps considérable à la tête de ses troupes, il procure une gloire immortelle au Prince qu'il sert, il assure le bonheur de ses compatriotes, et fait que l'Univers lui est redevable du repos et de la paix : tel est le but auquel tous ceux qui commandent les armées doivent tendre sans cesse et sans jamais se décourager.

Il y a une infinité de situations différentes dans lesquelles vous pouvez vous trouver par rapport à l'ennemi. On ne sauroit les prévoir toutes ; c'est pourquoi je n'entre pas dans un plus grand détail. Vos lumières et votre expérience vous suggéreront ce que vous aurez à faire, à mesure que les circonstances se présenteront ; néanmoins je vais vous donner quelques conseils généraux dont vous pourrez faire usage dans l'occasion.

Si vous êtes dix fois plus fort en nombre que n'est l'ennemi, environnez-le de toutes parts ; ne lui laissez aucun passage libre; faites en sorte qu'il ne puisse ni s'évader pour aller camper ailleurs, ni recevoir le moindre secours. Si vous avez cinq fois plus de monde que lui, disposez tellement votre armée, qu'elle puisse l'attaquer par quatre côtés à la fois, lorsqu'il en sera temps. Si l'ennemi est une fois moins fort que vous, contentez-vous de partager votre armée en deux.[44] Mais si de part et d'autre il y a une même quantité de monde, tout ce que vous pouvez faire c'est de hasarder le combat ; si au contraire vous êtes moins fort que lui, soyez continuellement sur vos gardes, la plus petite faute seroit la dernière conséquence pour vous. Tâchez de vous mettre à l'abri, et évitez autant que vous le pourrez d'en venir aux mains avec lui : la prudence et la fermeté d'un petit nombre de gens peuvent venir à bout de lasser et de dompter même une nombreuse armée.

Celui qui est à la tête des armées peut se regarder comme le soutien de l'Etat, et il l'est en effet. S'il est tel qu'il doit être, le Royaume sera dans la prospérité ; si au contraire il n'a pas les qualités nécessaires pour remplir dignement le poste qu'il occupe, le Royaume en souffrira infailliblement, et se trouvera peut-être réduit à deux doigts de sa perte. Un Général ne peut bien servir l'Etat que d'une façon ; mais il peut lui porter un très grand préjudice de bien des manières différentes. Il faut beaucoup d'efforts et une conduite que la bravoure et la prudence accompagnent constamment pour pouvoir réussir : il ne faut qu'une faute pour tout perdre ; et parmi les fautes qu'il peut faire, de combien de sortes n'y en a-t-il pas ? S'il lève des troupes hors de saison, s'il les fait sortir lorsqu'il ne faut pas qu'elles sortent, s'il n'a pas une connoissance exacte des lieux où il doit les conduire, s'il leur fait faire des campements désavantageux, s'il les fatigue hors de propos, s'il les fait revenir sans nécessité, s'il ignore les besoins de ceux qui composent son armée, s'il ne fait pas le genre d'occupation auquel chacun d'eux s'exerçoit auparavant, afin d'en tirer parti suivant leurs talents ; s'il ne connoît pas le fort et le foible de ses gens, s'il n'a pas lieu de compter sur leur fidélité, s'il ne fait pas observer la discipline dans toute la rigueur, s'il manque du talent de bien gouverner, s'il est irrésolu et s'il chancelle dans les occasions où il faut prendre tout-à-coup son parti, s'il ne sait pas dédommager à propos ses soldats lorsqu'ils auront eu à souffrir, s'il permet qu'ils soient vexés sans raison par les Officiers, s'il ne sait pas empêcher les dissentions qui pourroient naître parmi les Chefs : un Général qui tomberoit dans ces fautes épuiseroit d'hommes et de vivres le Royaume, déshonorerait sa patrie, et deviendroit lui-même la honteuse victime de son incapacité.[45]

Pour être victorieux de ses ennemis, cinq choses principalement sont nécessaires à un Général.

1. Savoir quand il est à propos de combattre, et quand il convient de se retirer.

2. Savoir employer le peu et le beaucoup suivant les circonstances.

3. Montrer autant d'affection aux simples soldats qu'on peut en témoigner aux principaux Officiers.

4. Profiter de toutes les circonstances prévues ou imprévues.

5. Etre sûr de n'être point démenti par le Souverain dans tout ce qu'on peut tenter pour son service et pour la gloire de ses armes.

Avec cela, si vous joignez à la connaissance que vous devez avoir de vous-même et de tout ce que vous pouvez ou ne pouvez pas, celle de tous ceux qui sont sous vos ordres, eussiez-vous cent guerres à soutenir, cent fois vous serez victorieux.

Si vous ne connoissez pas ce que vous pouvez vous-même, et si vous ignorez ce que peuvent vos gens, vous vaincrez une fois ; une fois vous serez vaincu : mais si vous n'avez ni la connaissance de vous-même, ni celle de ceux à qui vous commandez, vous ne compterez vos combats que par vos défaites.

8

ARTICLE IV : DE LA CONTENANCE DES TROUPES

Sun-tse dit : Anciennement ceux qui étoient expérimentés dans l'art des combats ne s'engageoient jamais dans des guerres qu'ils prévoyoient ne devoir pas finir avec honneur. Avant que de les entreprendre, ils étoient comme surs du succès. Si l'occasion d'aller contre l'ennemi n'étoit pas favorable, ils attendoient des temps plus heureux. Ils avoient pour principe que l'on ne pouvoit être vaincu que par sa propre faute, et qu'on n'étoit jamais victorieux que par la faute des ennemis. Ainsi, les habiles Généraux savoient d'abord ce qu'ils dévoient craindre ou ce qu'ils avoient à espérer, et ils avançoient ou reculoient la campagne, ils donnoient bataille ou ils se retranchoient, suivant les lumières qu'ils avoient, tant sur l'état de leurs propres troupes que sur celui des troupes de l'ennemi. S'ils se croyoient plus forts, ils ne craignoient pas d'aller au combat et d'attaquer les premiers. S'ils voyoient au contraire qu'ils fussent plus faibles, ils se retranchoient et se tenoient sur la défensive.

L'art de se tenir à propos sur la défensive ne le cède point à celui de combattre avec succès. Ceux qui veulent réussir dans le premier doivent s'enfoncer jusqu'au centre de la terre. Ceux au contraire qui veulent briller dans le second, doivent s'élever jusqu'au neuvième ciel.[46] Sa propre conservation est le but principal qu'on doit se proposer dans ces deux cas. Savoir l'art de vaincre comme ceux qui ont fourni cette même carrière avec honneur, c'est précisément où vous devez tendre : vouloir l'importer sur tous, et chercher à raffiner dans les choses militaires, c'est risquer de ne pas égaler les grands maîtres, c'est s'exposer à rester même infiniment au-dessous d'eux; car c'est ici où ce qui est au-dessus du bon, n'est pas bon lui-même. Remporter des victoires par le moyen des combats a été regardé de tout temps par l'Univers entier comme quelque chose de bon : mais j'ose vous le dire, c'est encore ici où ce qui est au-dessus du bon est souvent pire que le mauvais.

Il ne faut pas que les quadrupèdes aient une force extraordinaire pour porter vers la fin de l'automne la quantité de nouveaux poils dont leurs corps se chargent chaque jour : il ne faut pas avoir les yeux bien pénétrants pour découvrir les astres qui nous éclairent : il ne faut pas avoir l'oreille bien délicate pour entendre le tonnerre lorsqu'il gronde avec fracas ; rien de plus naturel, rien de plus aisé, rien de plus simple que tout cela. Les habiles Guerriers ne trouvent pas plus de difficultés dans les combats. Ils ont tout prévu ; ils ont paré de leur part à tous les inconvénients ; ils savent la situation des ennemis, ils connoissent leurs forces, et n'ignorent point ce qu'ils peuvent faire et jusqu'où ils peuvent aller ; la victoire est une suite naturelle de leur savoir et de leur bonne conduite.

Tels étoient nos Anciens : rien ne leur étoit plus aisé que de vaincre ; aussi ne croyoient-ils pas que les vains titres de vaillants, de héros, d'invincibles, fussent un tribut d'éloges qu'ils eussent mérité. Ils n'attribuoient leur succès qu'au soin extrême qu'ils avaient eu d'éviter jusqu'à la plus petite faute.

Avant que d'en venir au combat, ils tâchoient d'humilier leurs ennemis, ils les mortifioient, ils les fatiguoient de mille manières. Leurs propres camps étoient des lieux toujours à l'abri de toute insulte, des lieux toujours à couvert de toute surprise, des lieux toujours impénétrables. Ces Généraux croyoient que pour vaincre, il fallait que les troupes demandassent le combat avec ardeur ; et ils étoient persuadés que lorsque ces mêmes troupes demandoient la victoire avec empressement, il arrivoit ordinairement qu'elles étoient vaincues.[47] C'est ainsi que d'un ton assuré ils osoient prévoir les triomphes ou les défaites, avant même que d'avoir fait un pas pour s'assurer des uns ou pour se préserver des autres.

Vous donc qui êtes à la tête des armées, n'oubliez rien pour vous rendre dignes de l'emploie que vous exercez. Jettez les yeux sur les mesures qui contiennent les quantités, et sur celles qui déterminent les dimensions : rappelez-vous les règles du calcul : considérez les effets de la balance : examinez ce que c'est que la victoire : faites sur tout cela de profondes réflexions, et vous aurez tout ce qu'il faut pour n'être jamais vaincus par vos ennemis.

Les considérations sur les différentes mesures vous conduiront à la connoissance de ce que la terre peut offrir d'utile pour vous : vous saurez ce qu'elle produit, et vous profiterez toujours de ses dons : vous n'ignorerez point les différentes routes qu'il faudra tenir pour arriver sûrement au terme que vous vous serez proposé.

Par les règles du calcul vous apprendrez à distribuer, toujours à propos, les munitions de guerre et de bouche, à ne jamais donner dans les excès du trop ou du trop peu.

La balance fera naître en vous l'amour de la justice et de l'équité ; les récompenses et les châtiments suivront toujours l'exigence des cas.

Enfin, si vous rappelez dans votre esprit les victoires qui ont été remportées en différents temps, et toutes les circonstances qui les ont accompagnées, vous n'ignorerez point les divers usages qu'on en aura faits, et vous saurez quels sont les avantages qu'elles ont procurés, ou quels sont les préjudices qu'elles auront portés aux vainqueurs eux-mêmes.

Vingt onces ne firent jamais équilibre avec douze grains.[48] Si ces deux sortes de poids sont placées séparément dans les deux bassins d'une même balance, les onces enlèveront les grains, sans presque aucun obstacle de la part de ceux-ci. Soyez à vos ennemis ce que les onces sont aux grains. Après un premier avantage n'allez pas vous endormir ou vouloir donner à vos troupes un repos hors de saison. Poussez votre pointe avec la même rapidité qu'un torrent qui se précipiteroit de mille toises de haut.[49] Que votre ennemi n'ait pas le temps de se reconnoître, et ne pensez à recueillir les fruits de votre victoire, que lorsque sa défaite entière vous aura mis en état de le faire sûrement, avec loisir et tranquillité.

9

ARTICLE V : DE L'HABILETÉ DANS LE GOUVERNEMENT DES TROUPES

Sun-tse dit : Ayez les noms de tous les Officiers tant généraux que subalternes ; inscrivez-les dans un catalogue à part, avec la note des talents et de la capacité de chacun d'eux, afin de pouvoir les employer avec avantage lorsque l'occasion en sera venue. Faites en sorte que tous ceux que vous devez commander soient persuadés que votre principale attention est de les préserver de tout dommage. Les troupes que vous ferez avancer contre l'ennemi doivent être comme des pierres que vous lanceriez contre des œufs. De vous à l'ennemi il ne doit y avoir d'autre différence que celle du fort au foible, du vuide au plein. Attaquez à découvert, mais soyez vainqueur en secret. Voilà en peu de mots en quoi consiste l'habileté et toute la perfection même du gouvernement des troupes. Le grand jour et les ténèbres, l'apparent et le secret ; voilà tout l'art. Ceux qui le possèdent sont comparables au Ciel et à la Terre, dont les opérations ne sont jamais sans effet : ils ressemblent aux fleuves et aux mers dont les eaux ne sauroient tarir. Fussent-ils plongés dans les ténèbres de la mort, ils peuvent revenir à la vie : comme le soleil et la lune, ils ont le temps où il faut se montrer, et celui où il faut disparoître : comme les quatre saisons, ils ont les variétés qui leur conviennent : comme les cinq tons de la musique, comme les cinq couleurs, comme les cinq goûts, ils peuvent aller à l'infini. Car qui a jamais entendu tous les airs qui peuvent résulter de la différente combinaison des tons ? Qui a jamais vu tout ce que peuvent présenter les couleurs différemment nuancées ? Qui a jamais savouré tout ce que les goûts différemment tempérés peuvent offrir d'agréable ou de piquant[50] ? On n'assigne cependant que cinq couleurs et cinq sortes de goûts.

Dans l'Art Militaire et dans le bon gouvernement des troupes, il n'y a, en général, que deux sortes de choses, celles qu'il faut faire en secret, et celles qu'il faut faire à découvert : mais dans la pratique c'est une chaîne d'opérations dont on ne saurait voir le bout ; c'est comme une roue en mouvement qui n'a ni commencement ni fin.

Dans l'Art Militaire, chaque opération particulière a des parties qui demandent le grand jour, et des parties qui veulent les ténèbres du secret. Vouloir les assigner, cela ne se peut ; les circonstances peuvent seules les faire connoître et les déterminer. On oppose les plus grands quartiers de rochers à des eaux rapides dont on veut resserrer le lit : on n'emploie que des filets foibles et déliés pour prendre les petits oiseaux. Cependant le fleuve rompt quelquefois ses digues après les avoir minées peu-à-peu, et les oiseaux viennent à bout de briser les chaînes qui les retiennent, à force de se débattre. Quelque bonnes, quelque sages que puissent être les précautions que vous aurez prises, ne cessez pas un moment d'être sur vos gardes, veillez sur tout, pensez à tout : qu'une présomptueuse sécurité n'approche jamais de vous ni de votre camp.

Ceux-là possèdent véritablement l'art de bien gouverner les troupes, qui ont su et qui savent rendre leur puissance formidable, qui ont acquis une autorité sans borne, qui ne se laissent abattre par aucun événement, quelque fâcheux qu'il puisse être ; qui ne font rien avec précipitation ; qui se conduisent, lors même qu'ils sont surpris, avec le sang froid qu'ils ont ordinairement dans les actions méditées et dans les cas prévus long-temps auparavant, et qui agissent toujours dans tout ce qu'ils font, avec cette promptitude qui n'est guère que le fruit de l'habileté, jointe à une longue expérience.

La force de ces sortes de guerriers est comme celle de ces grands arcs qu'on ne sauroit bander sans le secours de quelque machine. Leur autorité a l'effet des terribles armes qu'on lance avec des arcs ainsi bandés[51] : tout plie sous leurs coups, tout est renversé. Tel qu'un globe qui présente une égalité parfaite entre tous les points de sa surface, ils sont également forts par-tout ; par-tout leur résistance est la même. Dans le fort de la mêlée et d'un désordre apparent, ils savent garder un ordre que rien ne sauroit interrompre, ils font naître la force du sein même de la foiblesse, ils font sortir le courage et la valeur du milieu de la poltronnerie et de la pusillanimité. Mais savoir garder un ordre merveilleux au milieu même du désordre, cela ne se peut, sans avoir fait auparavant de profondes réflexions sur tous les événements qui peuvent arriver. Faire naître la force du sein même de la foiblesse, cela n'appartient qu'à ceux qui ont une puissance absolue[52] et une autorité sans bornes. Savoir faire sortir le courage et la valeur du milieu de la poltronnerie et de la pusillanimité, c'est être héros soi-même, c'est être plus que héros, c'est au-dessus des plus intrépides.

Quelque grand, quelque merveilleux que tout cela paroisse, j'exige cependant quelque chose de plus encore de ceux qui gouvernent les troupes, c'est l'art de faire mouvoir à son gré les ennemis. Ceux qui le possèdent, cet art admirable, disposent de la contenance de leurs gens et de l'armée qu'ils commandent, de telle sorte qu'ils font venir l'ennemi toutes les fois qu'ils le jugent à propos : ils savent faire des libéralités quand il convient, ils en font même à ceux qu'ils veulent vaincre : ils donnent à l'ennemi et l'ennemi reçoit, ils lui abandonnent et il vient prendre. Ils sont prêts à tout ; ils profitent de toutes les circonstances ; ils ne se fient pas tellement à ceux qu'ils emploient, qu'ils n'en choisissent d'autres pour être leurs surveillants ; ils ne comptent pas tellement sur leurs propres forces, qu'ils ne mettent en usage les autres moyens qu'ils croient pouvoir leur être utiles ; ils regardent les hommes contre lesquels ils doivent combattre, comme des pierres ou des pièces de bois qu'ils seroient chargés de faire rouler de haut en bas. La pierre et le bois n'ont aucun mouvement de leur nature ; s'ils sont une fois en repos, ils n'en sortent pas d'eux-mêmes, mais ils suivent le mouvement qu'on leur imprime ; s'ils sont quarrés, ils s'arrêtent d'abord ; s'ils sont ronds, ils roulent jusqu'à ce qu'ils trouvent une résistance plus forte que la force qui leur étoit imprimée.

Vous donc qui commandez les armées, faites en sorte que l'ennemi soit entre vos mains comme une pierre de figure ronde, que vous auriez à faire rouler d'une montagne qui aurait mille toises de haut ; c'est en cela qu'on reconnoîtra que vous avez de la puissance et de l'autorité, et que vous êtes véritablement digne du poste que vous occupez.

10

Article VI : Du plein et du Vuide

Sun-tse dit : Une des choses les plus essentielles que vous ayez à faire avant le combat, c'est de bien choisir le lieu de votre campement. Pour cela il faut user de diligence, il ne faut pas se laisser prévenir par l'ennemi, il faut être campé avant qu'il ait eu le temps de vous reconnoître, avant même qu'il ait pu être instruit de votre marche. La moindre négligence en ce genre peut être pour vous de la dernière conséquence. En général il n'y a que du désavantage à camper après les autres.[53]

Celui qui est chargé de la conduite d'une armée, ne doit point se fier à d'autres pour un choix de cette importance ; il doit faire quelque chose de plus encore. S'il est véritablement habile, il pourra disposer à son gré du campement même et de toutes les marches de son ennemi. Un grand Général n'attend pas qu'on le fasse aller, il sait faire venir. Si vous faites en sorte que l'ennemi cherche à se rendre de son plein gré dans les lieux où vous voulez précisément qu'il aille, faites en sorte aussi de lui aplanir toutes les difficultés, et de lui lever tous les obstacles qu'il pourroit rencontrer ; car si vous cherchez à l'attirer dans des lieux où il lui soit comme impossible d'aller, dans des lieux mal-sains, ou dont les inconvénients soient trop à découvert, vous ne réussirez pas, et vous en serez pour votre travail et pour vos peines, peut-être même pour quelque chose de plus. La grande science est de lui faire vouloir tout ce que vous souhaitez qu'il fasse, et de lui fournir, sans qu'il s'en apperçoive, tous les moyens de vous seconder.

Après que vous aurez ainsi disposé du lieu de votre campement et de celui de l'ennemi lui-même, attendez tranquillement que votre adversaire fasse les premières démarches ; mais en attendant, tâchez de l'affamer au milieu de l'abondance, de lui procurer du tracas dans le sein du repos, et de lui susciter mille terreurs dans le temps même de la plus grande sécurité. Si, après avoir long-temps attendu, vous ne voyez pas que l'ennemi se dispose à sortir de son camp, sortez vous-même du vôtre ; s'il ne veut pas se mettre en mouvement, mettez-vous-y vous-même, donnez-lui de fréquentes alarmes, faites-lui naître l'occasion de faire quelque imprudence dont vous puissiez tirer du profit.

S'il s'agit de garder, gardez avec force : ne vous endormez point. S'il s'agit d'aller, allez promptement, allez sûrement par des chemins qui ne soient connus que de vous. Rendez-vous dans des lieux où l'ennemi ne puisse pas soupçonner que vous ayez dessein d'aller. Sortez tout-à-coup d'où il ne vous attend pas, et tombez sur lui lorsqu'il y pensera le moins.

Si après avoir marché assez long-temps, si par vos marches et contre-marches vous avez parcouru l'espace de mille li[54] sans que vous ayez reçu encore aucun dommage, sans même que vous ayez été arrêté, concluez, ou que l'ennemi ignore vos desseins, ou qu'il a peur de vous, ou qu'il ne fait pas garder les postes qui peuvent être de conséquence pour lui. Evitez de tomber dans un pareil défaut.

Le grand art d'un Général est de faire en sorte que l'ennemi ignore toujours le lieu où il aura à combattre, et de lui dérober avec soin la connoissance des postes qu'il fait garder. S'il en vient à bout, et qu'il puisse cacher de même jusqu'aux moindres de ses démarches, ce n'est pas seulement un habile Général, c'est un homme extraordinaire, c'est un prodige.[55] Sans être vu, il voit ; il entend, sans être entendu ; il agit sans bruit et dispose comme il lui plaît du sort de ses ennemis. De plus, si, les armées étant en présence, vous n'appercevez pas qu'il y ait un certain vuide qui puisse vous favoriser, ne tentez pas d'enfoncer les bataillons ennemis.

Si, lorsqu'ils prennent la fuite, ou qu'ils retournent sur leurs pas, ils usent d'une extrême diligence, et marchent en bon ordre, ne tentez pas de les poursuivre ; ou si vous les poursuivez, que ce ne soit jamais ni trop loin, ni dans les pays inconnus. Si, lorsque vous avez dessein de livrer la bataille, les ennemis restent dans leurs retranchements, n'allez pas les y attaquer, sur-tout s'ils sont bien retranchés, s'ils ont de larges fossés, et des murailles élevées qui les couvrent. Si au contraire croyant qu'il n'est pas à propos de livrer le combat, vous voulez l'éviter, tenez-vous dans vos retranchements, et disposez-vous à soutenir l'attaque et à faire quelques sorties utiles. Laissez fatiguer les ennemis, attendez qu'ils soient ou en désordre ou dans une très grande sécurité : vous pourrez sortir alors, et fondre sur eux avec avantage. Ayez constamment une extrême attention à ne jamais séparer les différents corps de vos armées. Faites qu'ils puissent toujours se soutenir aisément les uns les autres ; au contraire faites faire à l'ennemi le plus de diversion qu'il se pourra. S'il se partage en dix corps, attaquez chacun d'eux séparément avec votre armée toute entière ; c'est le véritable moyen de combattre toujours avec avantage. De cette sorte, quelque petite que soit votre armée, le grand nombre sera toujours de votre côté. Or toutes choses étant d'ailleurs égales, la victoire se déclare ordinairement pour le grand nombre.

Que l'ennemi ne sache jamais comment vous avez intention de le combattre, ni la manière dont vous vous préparez à l'attaquer, ou à vous défendre. S'il l'ignore absolument, il fera de grands préparatifs, il tâchera de se rendre fort de tous les côtés, il divisera ses forces, et c'est justement ce qui fera sa perte.

Pour vous, n'en faites pas de même : que vos principales forces soient toutes du même côté ; si vous voulez attaquer de front, mettez à la tête de vos troupes, tout ce que vous avez de meilleur. On résiste rarement à un premier effort, comme au contraire on se relève difficilement, quand on a d'abord du dessous. L'exemple des braves suffit pour encourager les plus lâches. Ceux-ci suivent sans peine le chemin qu'on leur montre ; mais ils ne sauraient eux-mêmes le frayer. Si vous voulez faire donner l'aile gauche, tournez tous vos préparatifs de ce côté-là, et mettez à l'aile droite ce que vous avez de plus foible ; mais si vous voulez vaincre par l'aile droite, que ce soit à l'aile droite aussi que soient vos meilleurs troupes et toute votre attention.

Ce n'est pas tout : comme il est essentiel que vous connoissiez à fond le lieu où vous devez combattre, il n'est pas moins important que vous soyez instruit du jour, de l'heure, du moment même du combat ; c'est une affaire de calcul sur laquelle il ne faut pas vous négliger. Si l'ennemi est loin de vous, sachez jour par jour le chemin qu'il fait, suivez-le pas à pas, quoiqu'en apparence vous restiez immobile dans votre camp : voyez tout ce qu'il fait, quoique vos yeux ne puissent pas aller jusqu'à lui : écoutez tous ses discours, quoique vous soyez hors de portée de l'entendre : soyez témoin de toute sa conduite, entrez même dans le fond de son cœur pour y lire ses craintes ou ses espérances.

Pleinement instruit de tous ses desseins, de toutes ses marches, de toutes ses actions, vous le ferez venir chaque jour précisément où vous voulez qu'il arrive. En ce cas vous l'obligerez à camper de manière que le front de son armée ne puisse pas recevoir du secours de ceux qui sont à la queue, que l'aide droite ne puisse pas aider l'aile gauche, et vous le combattrez ainsi dans le lieu et au temps qui vous conviendront le plus.

Avant le jour déterminé pour le combat, ne soyez ni trop loin, ni trop près de l'ennemi. L'espace de quelques Li seulement est le terme qui doit vous en approcher le plus, et dix Li entiers sont le plus grand espace que vous deviez laisser entre votre armée et la sienne.

Ne cherchez pas à avoir une armée trop nombreuse, la trop grande quantité de monde est souvent plus nuisible qu'elle n'est utile. Une petite armée bien disciplinée est invincible sous un bon Général. A quoi servoient au Roi d'Yué, les belles et nombreuses cohortes qu'il avait sur pied, lorsqu'il étoit en guerre contre le Roi de Ou[56] ? Celui-ci avec peu de troupes, avec une poignée de monde, le vainquit, le dompta, et ne lui laissa de tous ses Etats, qu'un souvenir amer, et la honte éternelle de les avoir si mal gouvernés.

Cependant si vous n'aviez qu'une petite armée, n'allez pas mal-à-propos vouloir vous mesurer avec une armée nombreuse ; vous avez bien des précautions à prendre avant que d'en venir là. Quand on a les connoissances dont j'ai parlé plus haut, on sait s'il faut attaquer, ou se tenir simplement sur la défensive ; on sait quand il faut rester tranquille, et quand il est temps de se mettre en mouvement ; et si l'on est forcé de combattre, on sait si l'on sera vainqueur ou vaincu : à voir simplement la contenance des ennemis, on peut conclure sa victoire ou sa défaite, sa perte ou son salut. Encore une fois si vous voulez attaquer le premier, ne faites pas qu'auparavant vous n'ayez examiné si vous avez tout ce qu'il faut pour réussir.

En déployant vos étendards, lisez dans les premiers regards de vos soldats : soyez attentif à leurs premières actions ; et par leur ardeur ou leur nonchalance, par leur crainte ou leur intrépidité, concluez un bon ou un mauvais succès. Ce n'est point un présage trompeur que celui de la première contenance d'une armée prête à livrer le combat. Il en est telle qui ayant remporté la plus signalée victoire, aurait été entièrement défaite, si la bataille s'était livrée un jour plutôt, ou quelques heures plus tard.

Il en doit être des troupes à-peu-près comme d'une eau courante. Si la source est élevée, la rivière ou le ruisseau coulent rapidement : si la source est presque de niveau, on s'aperçoit à peine de quelque mouvement : s'il se trouve quelque vuide, l'eau le remplit l'elle-même dès qu'elle trouve la moindre issue qui la favorise : s'il y a des endroits trop pleins, l'eau cherche naturellement à se décharger ailleurs.

Pour vous, si en parcourant les rangs de votre armée vous voyez qu'il y ait du vuide, il faut le remplir : si vous trouvez du surabondant, il faut le diminuer : si vous appercevez du trop haut, il faut l'abaisser : s'il y a du trop bas, il faut le relever. L'eau dans son cours suit la situation du terrein dans lequel elle coule : de même, que votre armée soit rangée conformément au lieu qu'elle occupe. L'eau qui n'a point de pente ne sauroit couler ; des troupes qui ne sont pas bien conduites ne sauroient vaincre, c'est le Général qui décide de tout. S'il est habile, il tirera parti des circonstances même les plus dangereuses et les plus critiques. Il saura faire prendre la forme qu'il voudra, non seulement à l'armée qu'il commande, mais encore à celles des ennemis. Les troupes quelles qu'elles puissent être n'ont pas les qualités constantes qui les rendent invincibles ; les plus mauvais soldats peuvent changer en bien et devenir peu-à-peu d'excellents guerriers. Conduisez-vous conformément à ce principe ; ne laissez échapper aucune occasion, lorsque vous la trouverez favorable. Les cinq éléments[57] ne sont pas par-tout ni toujours également purs : les quatre saisons ne se succèdent pas de la même manière chaque année : le lever et le coucher de soleil ne sont pas constamment au même point de l'horizon : la lune n'est pas toujours également brillante. Une armée bien conduite et bien disciplinée, imite à propos toutes ces variétés.

11

ARTICLE VII : DES AVANTAGES QU'IL FAUT SE PROCURER

Sun-tse dit : Après que le Général aura rassemblé dans un même lieu toutes les troupes qu'il doit commander, il doit mettre son attention à leur procurer des campements avantageux ; car c'est de là principalement que dépend la réussite de ses projets et de toutes ses entreprises. Cette affaire n'est pas d'une exécution aussi facile qu'on pourrait bien se l'imaginer ; les difficultés s'y rencontrent souvent sans nombre, et de toutes espèces ; il ne faut rien oublier pour les applanir et pour les vaincre.

Les troupes une fois campées, il faut tourner ses vues du côté du près et du loin, des avantages et des pertes, du travail et du repos, de la diligence et de la lenteur ; c'est-à-dire qu'il faut rendre près ce qui est loin, tirer profit de ses pertes même, substituer un utile travail à un honteux repos, convertir la lenteur en diligence ; c'est-à-dire encore qu'il faut que vous soyez près lorsque l'ennemi vous croit bien loin ; que vous ayez un avantage réel, lorsque l'ennemi croit vous avoir occasionné quelques pertes ; que vous soyez occupé de quelque utile travail, lorsqu'il vous croit enseveli dans le repos, et que vous usiez de toute sorte de diligence, lorsqu'il ne croit appercevoir dans vous que de la lenteur : c'est ainsi qu'en lui donnant le change, vous l'endormirez lui-même pour pouvoir l'attaquer lorsqu'il y pensera le moins, et sans qu'il ait le temps de se reconnoître.

L'art de profiter du près et du loin consiste à tenir l'ennemi éloigné du lieu que vous aurez choisi pour votre campement, et de tous les postes qui vous paraîtront de quelque conséquence : il consiste à éloigner de l'ennemi tout ce qui pourroit lui être avantageux, et à rapprocher de vous tout ce dont vous pourrez tirer quelque avantage : il consiste encore à vous tenir continuellement sur vos gardes pour n'être pas surpris, et à veiller sans cesse pour épier le moment de surprendre votre adversaire.

De plus : ne vous engagez jamais dans de petites actions que vous ne soyez sûr qu'elles tourneront à votre avantage, et encore ne le faites point, si vous n'y êtes comme forcé : mais sur-tout gardez-vous bien de vous engager à une action générale, si vous n'êtes comme assuré d'une victoire complette. Il est très dangereux d'avoir de la précipitation dans des cas semblables ; une bataille risquée mal-à-propos, peut vous perdre entièrement : le moins qu'il puisse vous arriver, si l'événement en est douteux, ou que vous ne réussissiez qu'à demi, c'est de vous voir frustré de la plus grande partie de vos espérances, et de ne pouvoir parvenir à vos fins.

Avant que d'en venir à un combat définitif, il faut que vous l'ayez prévu, et que vous y soyez préparé depuis long-temps ; ne comptez jamais sur le hasard dans tous ce que vous ferez en ce genre : après que vous aurez résolu de livrer la bataille, et que les préparatifs en seront déjà faits, laissez en lieu de sûreté tout le bagage inutile, faites dépouiller vos gens de tout ce qui pourroit les embarrasser ou les surcharger ; de leurs armes même ne leur laissez que celles qu'ils peuvent porter aisément.

Si vous devez aller un peu loin, marchez jour et nuit ; faites le double du chemin ordinaire ; que l'élite de vos troupes soit à la tête ; mettez les plus foibles à la queue. Prévoyez tout, disposez tout, et fondez sur l'ennemi lorsqu'il vous croit encore à cent Li d'éloignement : dans ce cas je vous annonce la victoire. Mais si ayant à faire cent Li de chemin avant que de pouvoir l'atteindre, vous n'en faites de votre côté que cinquante, et que l'ennemi s'étant avancé en ait fait autant ; de dix parties, il y en a cinq que vous serez vaincu, comme de trois parties il y en a deux que vous serez vainqueur. Si l'ennemi n'apprend que vous allez à lui que lorsqu'il ne vous reste plus que trente Li à faire pour pouvoir le joindre, il est difficile que dans le peu de temps qui lui reste, il puisse pourvoir à tout, et se préparer à vous recevoir.

Sous prétexte de faire reposer vos gens, gardez-vous bien de manquer l'attaque, dès que vous serez arrivé. Un ennemi surpris est à demi vaincu ; il n'en est pas de même s'il a le temps de se reconnoître ;

bientôt il peut trouver des ressources pour vous échapper et peut-être même pour vous perdre. Ne négligez rien de tout ce qui peut contribuer au bon ordre, à la santé, à la sûreté de vos gens tant qu'ils seront sous votre conduite ; ayez grand soin que les armes de vos soldats soient toujours en bon état. Faites en sorte que les vivres soient sains, et ne leur manquent jamais ; ayez attention à ce que les provisions soient abondantes, et rassemblées à temps ; car si vos troupes sont mal armées, s'il y a disette de vivres dans le camp, et si vous n'avez pas d'avance toutes les provisions nécessaires, il est difficile que vous puissiez réussir. N'oubliez pas d'entretenir des intelligences secrètes avec les Ministres étrangers, et soyez toujours instruit des desseins que peuvent avoir les Princes alliés ou tributaires, des intentions bonnes ou mauvaises de ceux qui peuvent influer sur la conduite du maître que vous servez, et vous attirer des ordres ou des défenses qui pourroient traverser vos projets, et rendre par-là tous vos soins inutiles. Votre prudence et votre valeur ne sauroient tenir long-temps contre leurs cabales ou leurs mauvais conseils. Pour obvier à cet inconvénient, consultez-les dans certaines occasions, comme si vous aviez besoin de leurs lumières : que tous leurs amis soient les vôtres : ne soyez jamais divisé d'intérêt avec eux, cédez-leur dans les petites choses, en un mot entretenez l'union la plus étroite qu'il vous sera possible.[38] Je demande de vous quelque chose de plus encore : ayez une connoissance exacte et de détail de tout ce qui vous environne ; Sachez où il y a une forêt, un petit bois, une rivière, un ruisseau, un terrain aride et pierreux, un lieu marécageux et mal-sain, une montagne, une colline, une petite élévation, un vallon, un précipice, un défilé, un champ ouvert, enfin tout ce qui peut servir ou nuire aux troupes que vous commandez. S'il arrive que vous soyez hors d'état de pouvoir être instruit par vous-même de l'avantage ou du désavantage du terrein, ayez au moins des guides sur lesquels vous puissiez compter sûrement. Dans les occasions où il s'agira d'être tranquille, qu'il règne dans votre camp une tranquillité semblable à celle qui règne au milieu des plus épaisses forêts : lors qu'au contraire il s'agira de faire des mouvements et du bruit, imitez le fracas du tonnerre : s'il faut être ferme dans votre poste, soyez-y immobile comme une montagne : s'il faut sortir pour aller au pillage, ayez l'activité du feu : s'il faut éblouir l'ennemi, soyez comme un éclair : s'il faut cacher vos desseins, soyez obscur comme les ténèbres. Gardez-vous sur toutes choses de faire jamais aucune sortie en vain : lorsque vous ferez tant que d'envoyer quelque détachement, que ce soit toujours dans l'espérance, ou, pour mieux dire, dans la certitude d'un avantage réel : pour éviter les mécontentements, faites toujours une exacte et juste répartition de tout ce que vous aurez enlevé à l'ennemi.

A tout ce que je viens de dire, il faut ajouter la manière de donner vos ordres, et de les faire exécuter. Il est des occasions et des campements où la plupart de vos gens ne sauroient ni vous voir ni vous entendre : le tambour et le Lo,[59] les étendards et les drapeaux peuvent suppléer à votre voix et à votre présence. Instruisez vos troupes de tous les signaux que vous pouvez employer. Si vous avez à faire des évolutions pendant la nuit, faites exécuter vos ordres au bruit d'un grand nombre de tambours et de Lo : si au contraire c'est pendant le jour qu'il faut que vous agissiez, employez les drapeaux et les étendards pour faire savoir vos volontés. Le fracas d'un grand nombre de tambours et de Lo servira pendant la nuit autant à jetter l'épouvante parmi vos ennemis, qu'à ranimer le courage de vos soldats : l'éclat d'un grand nombre d'étendards, la multitude de leurs évolutions, la diversité de leurs couleurs, et la bizarrerie de leur assemblage, en instruisant vos gens, les tiendront toujours en haleine pendant le jour, les occuperont, et leur réjouiront le cœur, en jettant le trouble et la perplexité dans celui de vos ennemis. Ainsi, outre l'avantage que vous aurez de faire savoir promptement toutes vos volontés à votre armée entière dans le même moment, vous aurez encore celui de lasser votre ennemi, en le rendant attentif à tout ce qu'il croit que vous voulez entreprendre, de lui faire naître des doutes continuels sur la conduite que vous devez tenir, et de lui inspirer d'éternelles frayeurs.

Si quelque brave veut sortir seul hors des rangs pour aller provoquer l'ennemi,[60] ne le permettez point ; il arrive rarement qu'un tel homme puisse revenir. Il périt pour l'ordinaire, ou par la trahison, ou accablé par le grand nombre.

Lorsque vous verrez vos troupes bien disposées, ne manquez pas de profiter de leur ardeur : c'est à l'habileté du Général à faire naître les occasions, et à distinguer lorsqu'elles sont favorables ; mais il ne doit pas négliger pour cela de prendre l'avis des Officiers Généraux ni de profiter de leurs lumières, sur-tout si elles ont le bien commun pour objet.

Le temps et la température de l'air sont des circonstances qu'il ne faut pas négliger. Un bon Général tire parti de tout. L'air du matin et celui du soir donnent de la force. Les troupes sont fraîches le matin, elles ont le soir toute leur vigueur. L'air du milieu du jour les rend foibles et languissantes ; pendant la nuit elles sont fatiguées et n'aiment que le repos, cela est ordinaire.

Lors donc que vous voudrez attaquer l'ennemi, choisissez, pour le faire avec avantage, le temps où les soldats sont censés devoir être foibles ou fatigués. Vous aurez pris auparavant vos précautions, et vos troupes reposées et fraîches auront de leur côté l'avantage de la force et de la vigueur.

Si vous voyez que l'ordre règne dans les rangs ennemis, attendez qu'il soit interrompu, et que vous apperceviez quelque désordre. Si leur trop grande proximité vous offusque ou vous gêne, éloignez-vous afin de pouvoir les attaquer quand ils viendront de loin.

Si vous voyez qu'ils aient de l'ardeur, attendez qu'elle se ralentisse, et qu'ils soient accablés sous le poids de l'ennui ou de la fatigue.

Si vous les voyez attroupés et rangés comme des cigognes, gardez-vous bien d'aller à eux.

Si, réduits au désespoir, ils viennent pour vaincre ou pour périr, évitez leur rencontre. S'ils se sauvent sur des lieux élevés, ne les y poursuivez point ; si vous êtes vous-même dans des lieux peu favorables, ne soyez pas long-temps sans changer de situation. Si les ennemis réduits à l'extrémité abandonnent leur camp, et veulent se frayer un chemin pour aller camper ailleurs, ne les arrêtez pas.

S'ils sont agiles et lestes, ne courez pas après eux ; s'ils manquent de tout, prévenez leur désespoir.

Voilà à-peu-près ce que j'avois à vous dire sur les différents avantages que vous devez tâcher de vous procurer, lorsqu'à la tête d'une armée vous aurez à vous mesurer avec des ennemis qui, peut-être aussi prudents et aussi vaillants que vous, ne pourroient être vaincus, si vous n'usez de votre part des petits stratagèmes dont je viens de parler.

12

ARTICLE VIII : DES NEUFD CHANGEMENTS

I. Sun-tse dit : Si vous êtes dans des lieux marécageux, dans des lieux où il y a à craindre les inondations, dans des lieux couverts d'épaisses forêts ou de montagnes escarpées, dans des lieux déserts et arides, dans des lieux où il n'y ait que des rivières et des ruisseaux, dans des lieux enfin d'où vous ne puissiez aisément tirer du secours, et où vous ne seriez appuyé d'aucune façon, tâchez d'en sortir le plus promptement qu'il vous sera possible. Allez chercher quelque endroit spacieux et vaste où vos troupes puissent s'étendre, d'où elles puissent sortir aisément, et où vos Alliés puissent sans peine vous porter les secours dont vous pourriez avoir besoin.

II. Evitez avec une extrême attention de camper dans des lieux isolés ; ou si la nécessité vous y force, n'y restez qu'autant de temps qu'il en faut pour en sortir. Prenez sur-le-champ des mesures efficaces pour le faire en sûreté, et en bon ordre.

III. Si vous vous trouvez dans des lieux éloignés des sources, des ruisseaux et des puits, où vous ne trouviez pas aisément des vivres et du fourrage, ne tardez pas de vous en tirer. Avant que de décamper, voyez si le lieu que vous choisissez est à l'abri par quelque montagne au moyen de laquelle vous soyez à couvert des surprises de l'ennemi, si vous pouvez en sortir aisément, et si vous y avez les commodités nécessaires pour vous procurer les vivres et les autres provisions ; s'il est tel, n'hésitez point à vous en emparer.

IV. Si vous êtes dans un lieu de mort, cherchez l'occasion de combattre. J'appèle lieu de mort ces sortes d'endroits où l'on n'a aucune ressource, où l'on dépérit insensiblement par l'intempérie de l'air, où les provisions se consument peu à peu sans espérance d'en pouvoir faire de nouvelles ; où les maladies, commençant à se mettre dans l'armée, semblent devoir y faire bientôt de grands ravages. Si vous vous trouvez dans de telles circonstances, hâtez-vous de livrer quelque combat. Je vous réponds que vos troupes n'oublieront rien pour se bien battre. Mourir de la main des ennemis, leur paraîtra quelque chose de bien doux au prix de tous les maux qu'ils voient prêts à fondre sur eux, et à les accabler.

V. Si par hasard ou par votre faute votre armée se rencontroit dans des lieux pleins de défilés, où l'on pût aisément vous tendre des embûches, d'où il ne seroit pas aisé de vous sauver en cas de poursuite, ou l'on pût vous couper les vivres et les chemins, gardez-vous bien d'y attaquer l'ennemi ; mais si l'ennemi vous y attaque, combattez jusqu'à la mort. Ne vous contentez pas de quelque petit avantage ou d'une demi-victoire ; ce pourroit être une amorce pour vous défaire entièrement. Soyez même sur vos gardes, après que vous aurez eu toutes les apparences d'une victoire complette.

VI. Quand vous saurez qu'une ville, quelque petite qu'elle soit, est bien fortifiée et abondamment pourvue de munitions de guerre et de bouche, gardez-vous bien d'en aller faire le siège ; et si vous n'êtes instruit de l'état où elle se trouve qu'après que le siège en aura été ouvert, ne vous obstinez pas à vouloir le continuer, vous courriez risque de voir toutes vos forces échouer contre cette place, que vous seriez enfin contraint d'abandonner honteusement.

VII. Ne négligez pas de courir après un petit avantage lorsque vous pourrez vous le procurer sûrement et sans aucune perte de votre part. Plusieurs de ces petits avantages qu'on pourroît acquérir et qu'on néglige, occasionnent souvent de grandes pertes et des dommages irréparables.

VIII. Avant que de songer à vous procurer quelque avantage, comparez-le avec le travail, la peine, les dépenses et les pertes d'hommes et de munitions qu'il pourra vous occasionner. Sachez à-peu-près si vous pourrez le conserver aisément ; après cela vous vous déterminerez à le prendre où à le laisser, suivant les loix d'une saine prudence.

IX. Dans les occasions où il faudra prendre promptement son parti, n'allez pas vouloir attendre les ordres du Prince. S'il est des cas où il faille agir ontre des ordres reçus, n'hésitez pas, agissez sans crainte. La première et principale intention de celui qui vous met à la tête de ses troupes, est que vous soyez vainqueur des ennemis. S'il avoit prévu la circonstance où vous vous trouvez, il vous auroit dicté lui-même la conduite que vous voulez tenir.

Voilà ce que j'appelle les neuf changements ou les neuf circonstances principales qui doivent vous engager à changer la contenance ou la position de votre armée, à changer de situation, à aller ou à revenir, à attaquer ou à vous défendre, à agir ou à vous tenir en repos. Un bon Général ne doit jamais dire : Quoi qu'il arrive, je ferai telle chose, j'irai là, j'attaquerai l'ennemi, j'assiégerai telle place. La circonstance seule doit le déterminer ; il ne doit pas s'en tenir à un système général, ni à une manière unique de gouverner. Chaque jour, chaque occasion, chaque circonstance demande une application particulière des mêmes principes. Les principes sont bons en eux-mêmes ; mais l'application qu'on en fait les rend souvent mauvais.

Un grand Général doit savoir l'art des changements. S'il s'en tient à une connoissance vague de certains principes, à une application uniforme des règles de l'art, à certains loix de discipline toujours les mêmes, à une connoissance méchanique de la situation des lieux, et, si je puis m'exprimer ainsi, à une attention d'instinct pour ne laisser échapper aucun avantage, il ne mérite pas le nom qu'il porte, il ne mérite pas même de commander.

Un Général est un homme qui, par le rang qu'il occupe, se trouve au-dessus d'une multitude d'autres hommes ; il faut par conséquent qu'il sache gouverner les hommes ; il faut qu'il sache les conduire ; il faut qu'il soit véritablement au-dessus d'eux, non pas seulement par sa dignité, mais par son esprit, par son savoir, par sa capacité, par sa conduite, par sa fermeté, par son courage et par ses vertus. Il faut qu'il sache distinguer les vrais d'avec les faux avantages, les véritables pertes d'avec ce qui n'en a que l'apparence; qu'il sache compenser l'un par l'autre, et tirer parti de tout. Il faut qu'il sache employer à propos certains artifices pour tromper l'ennemi, et qu'il se tienne sans cesse sur ses gardes pour n'être pas trompé lui-même. Il ne doit ignorer aucun des pièges qu'on peut lui tendre : il doit pénétrer tous les artifices de l'ennemi de quelque nature qu'ils puissent être ; mais il ne doit pas pour cela vouloir deviner. Tenez-vous sur vos gardes, voyez-le venir, éclairez ses démarches et toute sa conduite, et concluez. Vous courriez risque autrement de vous tromper et d'être la dupe ou la triste victime de vos conjectures précipitées.

Si vous voulez n'être jamais effrayé par la multitude de vos travaux et de vos peines, attendez-vous toujours à tout ce qu'il y aura de plus dur et de plus pénible. Travaillez sans cesse à susciter des peines à l'ennemi. Vous pourrez le faire ce plus d'une façon ; mais voici ce qu'il y a d'essentiel en ce genre.

N'oubliez rien pour lui débaucher ce qu'il y aura de mieux dans son parti ; offres, présents, caresses, que rien ne soit omis ; trompez même s'il le faut : engagez les gens d'honneur qui sont chez lui à des actions honteuses et indignes de leur réputation, à des actions dont ils aient lieu de rougir quand elles seront sues, et ne manquez pas de les faire divulguer.

Entretenez des liaisons secrètes avec ce qu'il y a de plus vicieux chez les ennemis ; servez-vous en pour aller à vos fins, en leur joignant d'autres vicieux.

Traversez leur gouvernement, semez la dissention parmi leurs Chefs, fournissez des sujets de colère aux uns contre les autres, faites les murmurer contre leurs Officiers, ameutez les Officiers subalternes contre leurs supérieurs, faites en sorte qu'ils manquent de vivres et de munitions, répandez parmi eux quelques airs d'une musique voluptueuse qui leur amollisse le cœur, envoyez-leur des femmes pour achever de les corrompre, tâchez qu'ils sortent lorsqu'il faudra qu'ils soient dans leur camp, et qu'ils soient tranquilles dans leur camp lorsqu'il faudrait qu'ils tinssent la campagne ; faites-leur donner sans cesse de fausses alarmes et de faux avis ; engagez dans vos intérêts les Gouverneurs de leurs Provinces : voilà à-peu-près ce que vous devez faire, si vous voulez tromper par l'adresse et par la ruse.[61]

Ceux des Généraux qui brilloient parmi nos Anciens étoient des hommes sages, prévoyants, intrépides et durs au travail. Ils avoient toujours leurs sabres pendus à leur côté ; ils étoient toujours prêts à tout événement : s'ils rencontroient l'ennemi, ils n'avoient pas besoin d'attendre du secours pour se mesurer avec lui. Les troupes qu'ils commandoient étoient bien disciplinées, et toujours disposées à faire un coup de main au premier signal qu'ils leur en donnoient. Chez eux la lecture et l'étude précédoient la guerre et les y préparoient. Ils gardoient avec soin leurs frontières, et ne manquoient pas de bien fortifier leurs villes. Ils n'alloient pas contre l'ennemi, lorsqu'ils étoient instruits qu'il avoit fait tous les préparatifs pour les bien recevoir ; ils l'attaquoient par ses endroits foibles, et dans le temps de sa paresse et de son oisiveté.

Avant que de finir cet Article, je dois vous prévenir contre cinq sortes de dangers, d'autant plus à redouter qu'ils paroissent moins à craindre ; écueils funestes contre lesquels la prudence et la bravoure ont échoué plus d'une fois.

I. Le premier est une trop grande ardeur à affronter la mort ; ardeur téméraire, qu'on honore souvent des beaux noms de courage, d'intrépidité et de valeur, mais qui au fond ne mérite guère que celui de lâcheté. Un Général qui s'expose sans nécessité, comme le feroit un simple soldat, qui semble chercher les dangers et la mort, qui combat, et qui fait ardeur téméraire, qu'on honore souvent des beaux noms de courage, d'intrépidité et de valeur, mais qui au fond ne mérite guère que celui de lâcheté. Un Général qui s'expose sans nécessité, comme le feroit un simple soldat, qui semble chercher les dangers et la mort, qui combat, et qui fait combattre jusqu'à la dernière extrémité, est un homme qui mérite de mourir. C'est un homme sans tête, qui ne sauroit trouver aucune ressource pour se tirer d'un mauvais pas ; c'est un lâche qui ne sauroit souffrir le moindre échec sans en être consterné, et qui se croit perdu si tout ne lui réussit.

II. Le second est une trop grande attention à conserver ses jours. On se croit nécessaire à l'armée entière ; on n'auroit garde de s'exposer : on n'oseroit pour cette raison se pourvoir de vivres chez l'ennemi ; tout fait ombrage ; tout fait peur ; on est toujours en suspens, on ne se détermine à rien, on attend une occasion plus favorable, on perd celle qui se présente, on ne fait aucun mouvement ; mais l'ennemi qui est toujours attentif, profite de tout, et fait bientôt perdre toute espérance à un Général ainsi prudent. Il l'enveloppera, il lui coupera les vivres, et le fera périr par le trop grand amour qu'il avoit de conserver sa vie.

III. Le troisième est une colère précipitée. Un Général qui ne sait pas se modérer, qui n'est pas maître de lui-même, et qui se laisse aller aux premiers mouvements d'indignation ou de colère ne sauroit manquer d'être la dupe des ennemis. Ils le provoqueront, ils lui tendront mille pièges que sa fureur l'empêchera de reconnoître, et dans lesquels il donnera infailliblement.

IV. Le quatrième est un point d'honneur mal entendu. Un Général ne doit pas se piquer mal-à-propos, ni hors de saison ; il doit savoir dissimuler ; il ne doit point se décourager après quelque mauvais succès, ni croire que tout est perdu parce qu'il aura fait quelque faute ou qu'il aura reçu quelque échec. Pour vouloir réparer son honneur légèrement blessé, on le perd quelquefois sans ressources.

V. Le cinquième enfin est une trop grande complaisance ou une compassion trop tendre pour le soldat. Un Général qui n'ose punir, qui ferme les yeux sur le désordre, qui craint que les siens ne soient toujours accablés sous le poids du travail, et qui n'oseroit pour cette raison leur en imposer, est un Général propre à tout perdre. Ceux d'un rang inférieur doivent avoir des peines ; il faut toujours avoir quelque occupation à leur donner ; il faut qu'ils aient toujours quelque chose à souffrir. Si vous voulez tirer parti de leur service, faites en sorte qu'ils ne soient jamais oisifs. Punissez avec sévérité, mais sans trop de rigueur. Procurez des peines et du travail, mais jusqu'à un certain point.

Un Général doit se prémunir contre tous les dangers. Sans trop chercher à vivre ou à mourir, il doit se conduire avec valeur et avec prudence, suivant que les circonstances l'exigent. S'il a de justes raisons de se mettre en colère, qu'il le fasse, mais que ce ne soit pas en tigre qui ne connoît aucun frein. S'il croit que son honneur est blessé, et qu'il veuille le réparer, que ce soit en suivant les règles de la sagesse, et non pas les caprices d'une mauvaise honte. Qu'il aime ses soldats, qu'il les ménage ; mais que ce soit avec discrétion. S'il livre des batailles, s'il fait des mouvements dans son camp, s'il assiège des villes, s'il fait des excursions, qu'il joigne la ruse à la valeur, la sagesse à la force des armes ; qu'il répare tranquillement ses fautes lorsqu'il aura eu le malheur d'en faire ; qu'il profite de toutes celles de son ennemi, et qu'il le mette souvent dans l'occasion d'en faire de nouvelles.

13

ARTICLE IX : DE LA CONDUITE QUES LES TROUPES DOIVENT TENIR

Sun-tse[62] dit : Avant que de faire camper vos troupes, sachez dans quelle position sont les ennemis, mettez-vous au fait du terrein et choisissez ce qu'il y aura de plus avantageux pour vous. On peut réduire à quatre points principaux ces différentes situations.

I. Si vous êtes dans le voisinage de quelque montagne, gardez-vous bien de vous emparer de la partie qui regarde le nord ; occupez au contraire le côté du midi : cet avantage n'est pas d'une petite conséquence. Depuis le penchant de la montagne, étendez-vous en sûreté jusque bien avant dans les vallons ; vous y trouverez de l'eau et du fourrage en abondance ; vous y serez égayé par la vue du soleil, échauffé par ses rayons, et l'air que vous y respirerez sera tout autrement salubre que celui que vous respireriez de l'autre côté. Si les ennemis viennent par derrière la montagne dans le dessein de vous surprendre, instruit par ceux que vous aurez placés sur la cime, vous vous retirerez à loisir, si vous ne vous croyez pas en état de leur faire tête ; ou vous les attendrez de pied ferme pour les combattre, si vous jugez que vous puissiez être vainqueur sans trop risquer : cependant ne combattez sur les hauteurs que lorsque la nécessité vous y engagera ; sur-tout n'y allez jamais chercher l'ennemi.

II. Si vous êtes auprès de quelque rivière, approchez-vous le plus que vous pourrez de sa source ; tâchez d'en connoître tous les bas-fonds et tous les endroits qu'on peut passer à gué. Si vous avez à la passer, ne le faites jamais en présence de l'ennemi ; mais si les ennemis, plus hardis, ou moins prudents que vous, veulent en hasarder le passage, ne les attaquez point que la moitié de leurs gens ne soit de l'autre côté ; vous combattrez alors avec tout l'avantage de deux contre un. Près des rivières même tenez toujours les hauteurs, afin de pouvoir découvrir au loin ; n'attendez pas l'ennemi près des bords, n'allez pas au-devant de lui ; soyez toujours sur vos gardes, de peur qu'étant surpris vous n'ayez pas un lieu pour vous retirer en cas de malheur.

III. Si vous êtes dans des lieux glissants et humides, marécageux et mal-sains, sortez-en le plus vite que vous pourrez ; vous ne sauriez vous y arrêter sans être exposé aux plus grands inconvénients ; la disette des vivres et les maladies viendroient bientôt vous y assiéger. Si vous êtes contraint d'y rester, tâchez d'en occuper les bords ; gardez-vous bien d'aller trop avant. S'il y a des forêts aux environs, laissez-les derrière vous.

IV. Si vous êtes en plaine dans des lieux unis et secs, ayez toujours votre gauche à découvert ; ménagez derrière vous quelque élévation d'où vos gens puissent découvrir au loin. Quand le devant de votre camp ne vous présentera que des objets de mort, ayez soin que les lieux qui sont derrière puissent vous offrir des secours contre l'extrême nécessité.

Tels sont les avantages des différents campements ; avantages précieux, d'où dépend la plus grande partie des succès militaires. C'est en particulier parce qu'il possédoit à fond l'art des campements, que l'Empereur Hiuen-yuen triompha de ses ennemis, et fournit à ses loix tous les Princes voisins de ses Etats.[63]

Il faut conclure de tout ce que je viens de dire, que les hauteurs sont en général plus salutaires aux troupes que les lieux bas et profonds, parce que c'est dans les lieux élevés qu'on trouve pour l'ordinaire cet air pur et sain qui met à couvert de bien des maladies dont on ne pourroit se préserver dans les lieux humides et bas. Dans les élévations même il y un choix à faire ; c'est de camper toujours du côté du midi, parce que c'est là qu'on trouve l'abondance et la fertilité. Un campement de cette nature est un avant-coureur de la victoire. Le contentement et la santé, qui sont la suite ordinaire d'une bonne nourriture prise sous un ciel pur, donnent du courage et de la force au soldat, tandis que la tristesse, le mécontentement et les maladies l'épuisent, l'énervent, le rendent pusillanime et le découragent entièrement.

Il faut conclure encore que les campements près des rivières ont leurs avantages qu'il ne faut pas négliger, et leurs inconvénients qu'il faut tâcher d'éviter avec un grand soin. Je ne saurois trop vous le répéter ; tenez le haut de la rivière, laissez-en le courant aux ennemis. Outre que les gués sont beaucoup plus fréquents vers la source, les eaux en sont plus pures et plus salubres.

Lorsque les pluies auront formé quelque torrent, ou qu'elles auront grossi le fleuve ou la rivière dont vous occupez les bords, attendez quelque temps avant que de vous mettre en marche ; sur-tout ne vous hasardez pas à passer de l'autre côté, attendez pour le faire que les eaux aient repris la tranquillité de leur cours ordinaire. Vous en aurez des preuves certaines si vous n'entendez plus un certain bruit sourd, qui tient plus du frémissement que du murmure, si vous ne voyez plus d'écumes surnager, et si la terre ou le sable ne coulent plus avec l'eau.

Pour ce qui est des défilés et des lieux entrecoupés par des précipices et par des rochers, des lieux marécageux et glissants, des lieux étroits et couverts, lorsque la nécessité ou le hasard vous y aura conduit, tirez-vous-en le plutôt qu'il vous sera possible, éloignez-vous-en le plutôt que vous pourrez. Si vous en êtes loin, l'ennemi en sera près : si vous fuyez, l'ennemi poursuivra, et tombera peut-être dans les dangers que vous venez d'éviter.

Vous devez encore être extrêmement en garde contre une autre espèce de terrein. Il est des lieux couverts de broussailles ou de petits bois ; il en est qui sont pleins de hauts et de bas, où l'on est sans cesse ou sur des collines ou dans des vallons, défiez-vous en ; soyez dans une attention continuelle. Ces sortes de lieux peuvent être pleins d'embuscades ; l'ennemi peut sortir à chaque instant, vous surprendre, tomber sur vous, et vous tailler en pièces. Si vous en êtes loin, n'en approchez pas ; si vous en êtes près, ne vous mettez pas en mouvement que vous n'ayez fait reconnoître tous les environs. Si l'ennemi vient vous y attaquer, faites en sorte qu'il ait tout le désavantage du terrein de son côté : pour vous, ne l'attaquez que lorsque vous le verrez à découvert. Enfin, quel que soit le lieu de votre campement, bon ou mauvais, il faut que vous en tiriez parti ; n'y soyez jamais oisif, ni sans faire quelque tentative ; éclairez toutes les démarches des ennemis ; ayez des espions de distance en distance, jusqu'au milieu de leur camp, jusque sous la tente de leur Général. Ne négligez rien de tout ce qu'on pourra vous rapporter, faites attention à tout.

Si ceux de vos gens que vous avez envoyés à la découverte vous font dire que les arbres sont en mouvement, quoique par un temps calme, concluez que l'ennemi est en marche. Il peut se faire qu'il veuille venir à vous ; disposez toutes choses, préparez-vous à le bien recevoir, allez même au-devant de lui. Si l'on vous rapporte que les champs sont couverts d'herbes, et que ces herbes sont fort hautes, tenez-vous sans cesse sur vos gardes ; veillez continuellement, de peur de quelque surprise. Si l'on vous dit qu'on a vu des oiseaux attroupés voler par bandes sans s'arrêter, soyez en défiance ; on vient vous espionner, ou vous tendre des pièges ; mais si, outre les oiseaux, on voit encore un grand nombre de quadrupèdes courir la campagne, comme s'ils n'avaient point de gîte, c'est une marque que les ennemis sont aux aguets. Si l'on vous rapporte qu'on aperçoit au loin des tourbillons de poussière s'élever dans les airs, concluez que les ennemis sont en marche. Dans les endroits où la poussière est basse et épaisse, sont les gens de pied ; dans les endroits où elle est moins épaisse et plus élevée, sont la Cavalerie et les chars. Si l'on vous avertit que les ennemis sont dispersés et ne marchent que par pelotons, c'est une marque qu'ils ont eu à traverser quelque bois, qu'ils ont fait des abattis, et qu'ils sont fatigués ; ils cherchent alors à se rassembler. Si vous apprenez qu'on apperçoit dans les campagnes des gens de pied et des hommes à cheval aller et venir, dispersés çà et là par petites bandes, ne doutez pas que les ennemis ne soient campés.

Tels sont les indices généraux dont vous devez tâcher de profiter, tant pour savoir la position de ceux avec lesquels vous devez vous mesurer, que pour faire avorter leurs projets, et vous mettre à couvert de toute surprise de leur part. En voici quelques autres auxquels vous devez une plus particulière attention.

Lorsque ceux de vos espions qui sont près du camp des ennemis vous feront savoir qu'on y parle bas et d'une manière mystérieuse, que ces ennemis sont modestes dans leur façon d'agir et retenus dans tous leurs discours, concluez qu'ils pensent à une action générale, et qu'ils en font déjà les préparatifs : allez à eux sans perdre de temps ; ils veulent vous surprendre, surprenez-les vous-même. Si vous apprenez au contraire qu'ils sont bruyants, fiers et hautains dans leurs discours, soyez certain qu'ils pensent à la retraite et qu'ils n'ont nullement envie d'en venir aux mains. Lorsqu'on vous fera savoir qu'on a vu quantité de chars vuides précéder leur armée,[64] préparez-vous à combattre, car les ennemis viennent à vous en ordre de bataille. Gardez-vous bien d'écouter alors les propositions de paix ou d'alliance qu'ils pourroient vous faire, ce ne seroit qu'un artifice de leur part, s'ils font des marches forcées, c'est qu'ils croient courir à la victoire ; s'ils vont et viennent, s'ils avancent en partie et qu'ils reculent autant, c'est qu'ils veulent vous attirer au combat ; si, la plupart du temps, debout et sans rien faire, ils s'appuient sur leurs armes comme sur des bâtons, c'est qu'ils sont aux expédients, qu'ils meurent presque de faim, et qu'ils pensent à se procurer de quoi vivre ; si passant près de quelque rivière, ils courent tous en désordre pour se désaltérer, c'est qu'ils ont souffert de la soif ; si leur ayant présenté l'appât de quelque chose d'utile pour eux, sans cependant qu'ils aient su ou voulu en profiter, c'est qu'ils se défient ou qu'ils ont peur ; s'ils n'ont pas le courage d'avancer, quoiqu'ils soient dans les circonstances où il faille le faire, c'est qu'ils sont dans l'embarras, dans les inquiétudes et les soucis.

Outre ce que je viens de dire, attachez-vous en particulier à savoir tous leurs différents campements : vous pourrez les connoître au moyen des oiseaux que vous verrez attroupés dans certains endroits ; et si leurs campements ont été fréquents, vous pourrez conclure qu'ils ont peu d'habileté dans la connoissance des lieux. Les oiseaux peuvent vous servir encore à découvrir les pièges qu'ils vous tendent et à découvrir ceux de leurs espions qui viendroient pour reconnoître votre camp ; faites attention seulement à leurs cris.[65]

Si vous apprenez que dans le camp des ennemis il y a des festins continuels, qu'on y boit et qu'on y mange avec fracas, soyez-en bien aise ; c'est une preuve infaillible que leurs Généraux n'ont point d'autorité.

Si leurs étendards changent souvent de place, c'est une preuve qu'ils ne savent à quoi se déterminer, et que le désordre règne parmi eux. Si leurs Officiers subalternes sont inquiets, mécontents, et qu'ils se fâchent pour la moindre chose, c'est une preuve qu'ils sont ennuyés ou accablés sous le poids d'une fatigue inutile. Si dans différents quartiers de leur camp on tue furtivement des chevaux, dont on permette ensuite de manger la chair,[66] c'est une preuve que leurs provisions sont sur la fin.

Telles sont les attentions que vous devez à toutes les démarches que peuvent faire les ennemis. Je suis entré dans un détail de minuties dont la plupart vous paroîtront pour le moins inutiles ; mais mon dessein est de vous prévenir sur tout, et de vous convaincre que rien de tout ce qui peut contribuer à vous faire triompher n'est petit. L'expérience me l'a appris, elle vous l'apprendra de même ; je souhaite que ce ne soit pas à vos dépens. Encore une fois, éclairez toutes les démarches de l'ennemi, quelles qu'elles puissent être ; mais veillez aussi sur vos propres troupes ; ayez l'œil à tout, sachez tout ; empêchez les vols et les brigandages, la débauche et l'ivrognerie, les mécontentements et les cabales, la paresse et l'oisiveté ; sans qu'il soit nécessaire qu'on vous en instruise, vous pourrez connoître par vous-même ceux de vos gens qui seront dans le cas ; et voici comment :

Si quelques-uns de vos soldats, lorsqu'ils changent de poste ou de quartier, ont laissé tomber quelque chose, quoique de petite valeur, et qu'ils n'aient pas voulu se donner la peine de la ramasser ; s'ils ont oublié quelque ustensile dans leur première station, et qu'ils ne le réclament point, concluez que ce sont des voleurs, punissez-les comme tels.[67]

Si dans votre armée on a des entretiens secrets, si l'on y parle souvent à l'oreille ou à voix basse, s'il y a des choses qu'on n'ose dire qu'à demi-mot, concluez que la peur s'est glissée parmi vos gens, que le mécontentement va suivre, et que les cabales ne tarderont pas à se former : hâtez-vous d'y mettre ordre.

Si vos troupes paroissent pauvres, et qu'elles manquent quelquefois d'un certain petit nécessaire ; outre la solde ordinaire, faites-leur distribuer quelque somme d'argent : mais gardez-vous bien d'être trop libéral, l'abondance d'argent est souvent plus funeste qu'elle n'est avantageuse, et plus préjudiciable qu'utile ; par l'abus qu'on en fait, elle est la source de la corruption des cœurs et la mère de tous les vices.

Si vos soldats, d'audacieux qu'ils étoient auparavant, deviennent timides et craintifs, si chez eux la foiblesse a pris la place de la force, la bassesse, celle de la magnanimité, soyez sûr que leur cœur est gâté ; cherchez la cause de leur dépravation, et tranchez-la jusqu'à la racine.

Si, sous divers prétextes, quelques-uns vous demandent leur congé, c'est qu'ils n'ont pas envie de combattre, ne les refusez pas tous ; mais en l'accordant à plusieurs, que ce soit à des conditions honteuses.

S'ils viennent en troupe vous demander justice d'un ton mutin et colère, écoutez leurs raisons, ayez-y égard ; mais en leur donnant satisfaction d'un côté, punissez-les très sévèrement de l'autre.

Si, lorsque vous aurez fait appeler quelqu'un, il n'obéit pas promptement, s'il est long-temps à se rendre à vos ordres, et si, après que vous aurez fini de lui signifier vos volontés, il ne se retire pas, défiez-vous, soyez sur vos gardes.

En un mot, la conduite des troupes demande des attentions continuelles de la part d'un Général. Sans quitter de vue l'armée des ennemis, il faut sans cesse éclairer la vôtre ; sachez lorsque le nombre des ennemis augmentera, soyez informé de la mort ou de la désertion du moindre de vos soldats.

Si l'armée ennemie est inférieure à la vôtre, et si elle n'ose pour cette raison se mesurer avec vous, allez l'attaquer sans délai, ne lui donnez pas le temps de se renforcer ; une seule bataille est décisive dans ces occasions. Mais si, sans être au fait de la situation actuelle des ennemis, et sans avoir mis ordre à tout, vous vous avisez de les harceler pour les engager à un combat, vous courez risque de tomber dans ses pièges, de vous faire battre, ET de vous perdre sans ressource. Si vous ne maintenez une exacte discipline dans votre armée, si vous ne punissez pas exactement jusqu'à la moindre faute, vous ne serez bientôt plus respecté, votre autorité même en souffrira, et les châtiments que vous pourrez employer dans la suite, bien loin d'arrêter les fautes, ne serviront qu'à augmenter le nombre des coupables. Or si vous n'êtes ni craint ni respecté, si vous n'avez qu'une autorité foible, et dont vous ne sauriez vous servir sans danger, comment pourrez-vous être avec honneur à la tête d'une armée ? Comment pourrez-vous vous opposer aux ennemis de l'Etat ?

Quand vous aurez à punir, faites-le de bonne heure et à mesure que les fautes l'exigent ; quand vous aurez des ordres à donner, ne les donnez point que vous ne soyez sûr que vous serez exactement obéi ; instruisez vos troupes ; mais instruisez-les à propos ; ne les ennuyez point, ne les fatiguez point sans nécessité ; tout ce qu'elles peuvent faire de bon ou de mauvais, de bien ou de mal, est entre vos mains. Une armée composée des mêmes hommes peut être très méprisable, quand elle sera commandée par tel Général, tandis qu'elle sera invincible commandée par tel autre.

14

ARTICLE X : DE LA CONNOISSANCE DU TERREIN

Sun-tse dit : Sur la surface de la terre tous les lieux ne sont pas égaux ; il y en a que vous devez fuir, et d'autres qui doivent être l'objet de vos recherches ; tous doivent vous être parfaitement connus.[68]

Les lieux étroits ou pleins de défilés, les lieux scabreux et entrecoupés par des précipices et des rochers, les lieux éloignés ou de difficile accès, les lieux qui n'ont point une communication libre avec un terrein plus spacieux et plus propre à vous fournir les secours dont vous pourriez avoir besoin, sont du nombre des premiers ; tâchez de les connaître à fond, pour n'y pas engager votre armée mal-à-propos.

Tout lieu au contraire dans lequel il y auroit une montagne assez haute pour vous défendre de toute surprise, où l'on pourroit arriver et d'où l'on pourrait sortir par plusieurs chemins qui vous seroient parfaitement connus, où les vivres seroient en abondance, où les eaux ne sauroient manquer, où l'air seroit salubre et le terrein assez uni, un tel lieu doit faire l'objet de vos plus ardentes recherches. Mais soit que vous vouliez vous emparer de quelque campement avantageux, soit que vous cherchiez à éviter des lieux dangereux ou peu commodes, usez d'une extrême diligence, persuadé que l'ennemi a le même objet que vous.

Si le lieu que vous avez dessein de choisir est autant à la portée des ennemis qu'à la vôtre, si les ennemis peuvent s'y rendre aussi aisément que vous, il ne s'agit que de les prévenir. Pour cela faites des marches pendant la nuit ; mais arrêtez-vous au lever du soleil, et s'il se peut, que ce soit toujours sur quelque éminence, afin de pouvoir découvrir au loin ; Attendez alors que vos provisions et tout votre bagage soient arrivés ; si l'ennemi vient, à vous, vous l'attendrez de pied ferme, et vous pourrez le combattre avec avantage.

Ne vous engagez jamais dans ces sortes de lieux où l'on peut aller très aisément, mais d'où l'on ne peut sortir qu'avec beaucoup de peine et une extrême difficulté ; laissez un pareil camp entièrement libre à l'ennemi : s'il est assez imprudent pour s'en emparer, allez à lui ; il ne sauroit vous échapper ; vous le vaincrez sans beaucoup de travail.

Quand une fois vous serez campé avec tout l'avantage du terrain, attendez tranquillement que l'ennemi fasse les premières démarches et qu'il se mette en mouvement. S'il vient à vous en ordre de bataille, n'allez au-devant de lui que lorsque vous verrez qu'il lui sera difficile de retourner sur ses pas.

S'il a eu le temps de tout préparer pour le combat, et que l'ayant attaqué, vous ne l'ayiez pas vaincu, il y a tout à craindre pour vous : ne revenez pas à une seconde charge ; retirez-vous dans votre camp, si vous le pouvez, et n'en sortez pas que vous ne voyiez clairement que vous le pouvez sans danger. Vous devez vous attendre que l'ennemi sera jouer bien des ressorts pour vous attirer : rendez inutiles tous les artifices qu'il pourroit employer.

Si votre rival vous a prévenu, et qu'il ait pris son camp dans le lieu où vous auriez dû prendre le vôtre, c'est-à-dire, dans le lieu le plus avantageux, ne vous amusez point à vouloir l'en déloger en employant les stratagèmes communs ; vous travailleriez inutilement.

Si la distance entre vous et lui est un peu considérable et que les deux armées soient à-peu-près égales, il ne tombera pas aisément dans les pièges que vous lui tendrez pour l'attirer au combat : ne perdez pas votre temps inutilement ; vous réussirez mieux d'un autre côté. Ayez pour principe que votre ennemi cherche ses avantages avec autant d'empressement que vous pouvez chercher les vôtres : employez toute votre industrie à lui donner le change de ce côté-là ; mais surtout ne le prenez pas vous-même. Pour cela n'oubliez jamais qu'on peut tromper ou être trompé de bien des façons. Je ne vous en rappellerai que six principales, parce qu'elles sont les sources d'où dérivent toutes les autres.

La première consiste dans la marche des troupes.

La seconde, dans leurs différents arrangements.

La troisième, dans leur position dans des lieux bourbeux.

La quatrième, dans leur désordre.

La cinquième, dans leur dépérissement.
Et la sixième, dans leur fuite.

Un Général qui recevroit quelque échec, faute de ces connoissances, aurait tort d'accuser le Ciel de son malheur ; il doit se l'attribuer tout entier.

Si celui qui est à la tête des armées néglige de s'instruire à fond de tout ce qui a rapport aux troupes qu'il doit mener au combat et à celles qu'il doit combattre ; s'il ne connoît pas exactement le terrein où il est actuellement, celui où il doit se rendre, celui où l'on peut se retirer en cas de malheur, celui où l'on peut feindre d'aller, sans avoir d'autre envie que celle d'y attirer l'ennemi, et celui où il peut être forcé de s'arrêter, lorsqu'il n'aura pas lieu de s'y attendre ; s'il fait mouvoir son armée hors de propos ; s'il n'est pas instruit de tous les mouvements de l'armée ennemie et des desseins qu'elle peut avoir dans la conduite qu'elle tient ; s'il divise ses troupes sans nécessité, ou sans y être comme forcé par la nature du lieu où il se trouve, ou sans avoir prévu tous les inconvénients qui pourroient en résulter, ou sans une espèce de certitude de quelque avantage réel ; s'il souffre que le désordre s'insinue peu à-peu dans son armée, ou si, sur des indices incertains, il se persuade trop aisément que le désordre règne dans l'armée ennemie, et qu'il agisse en conséquence ; si son armée dépérit insensiblement, sans qu'il se mette en devoir d'y apporter un prompt remède ; un tel Général ne peut être que la dupe des ennemis, qui lui donneront le change, par des fuites étudiées, par des marches feintes, et par un total de conduite dont il ne sauroit manquer d'être la victime. Les maximes suivantes doivent vous servir de règle pour toutes vos actions.

Si votre armée et celle de l'ennemi sont à-peu-près en nombre égal et d'égale force, il faut que des dix parties des avantages du terrein vous en ayez neuf pour vous ; mettez toutes votre application, employez tous vos efforts et toute votre industrie pour vous les procurer. Si vous les possédez, votre ennemi se trouvera réduit à n'oser se montrer devant vous et à prendre la fuite dès que vous paraîtrez ; ou s'il est assez imprudent pour vouloir en venir à un combat, vous le combattrez avec l'avantage de dix contre un. Le contraire arrivera, si, par négligence ou faute d'habileté, vous lui avez laissé le temps et les occasions de se procurer ce que vous n'avez pas.

Dans quelque position que vous puissiez être, si pendant que vos soldats sont forts et pleins de valeur, vos Officiers sont foibles et lâches, votre armée ne sauroit manquer d'avoir du dessous ; si au contraire la force et la valeur se trouvent uniquement renfermées dans les Officiers, tandis que la foiblesse et la lâcheté domineront dans le cœur des soldats, votre armée sera bientôt en déroute ; car les soldats pleins de courage et de valeur ne voudront pas se déshonorer ; ils ne voudront jamais que ce que des Officiers lâches et timides ne sauroient leur accorder, de même des Officiers vaillants et intrépides seront à coup sûr mal obéis par des soldats timides et poltrons.

Si les Officiers Généraux sont faciles à s'enflammer, et s'ils ne savent ni dissimuler, ni mettre un frein à leur colère, quel qu'en puisse être le sujet, ils s'engageront d'eux-mêmes dans des actions ou de petits combats dont ils ne se tireront pas avec honneur, parce qu'ils les auront commencés avec précipitation, et qu'ils n'en auront pas prévu les inconvénients et toutes les suites ; il arrivera même qu'ils agiront contre l'intention expresse du Général, sous divers prétextes qu'ils tâcheront de rendre plausibles ; et d'une action particulière commencée étourdiment et contre toutes les règles, on en viendra à un combat général, dont tout l'avantage sera du côté de l'ennemi.

Veillez sur de tels Officiers, ne les éloignez jamais de vos côtés ; quelques grandes qualités qu'ils puissent avoir d'ailleurs, ils vous causeroient de grands préjudices, peut-être même la perte de votre armée entière.

Si un Général est pusillanime, il n'aura pas les sentiments d'honneur qui conviennent à une personne de son rang, il manquera du talent essentiel de donner de l'ardeur aux troupes ; il ralentira leur courage dans le temps qu'il faudrait le ranimer ; il ne saura ni les instruire, ni les dresser à propos ; il ne croira jamais devoir compter sur les lumières, la valeur et l'habileté des Officiers qui lui sont soumis, les Officiers eux-mêmes ne sauront à quoi s'en tenir ; il fera faire mille fausses démarches à ses troupes, qu'il voudra disposer tantôt d'une façon et tantôt d'une autre, sans suivre aucun système, sans aucune méthode ; il hésitera sur tout, il ne se décidera sur rien, par-tout il ne verra que des sujets de crainte ; et alors le désordre, et un désordre général, régnera dans son armée.

Si un Général ignore le fort et le foible de l'ennemi contre lequel il a à combattre, s'il n'est pas instruit à fond, tant des lieux qu'il occupe actuellement, que de ceux qu'il peut occuper suivant les différents événements, il lui arrivera d'opposer à ce qu'il y a de plus fort dans l'armée ennemie ce qu'il y a de plus foible dans la sienne, à envoyer ses troupes lestes et aguerries contre les troupes pensantes, ou contre celles qui n'ont aucune considération chez l'ennemi, à faire attaquer par où il ne faudroit pas le faire, à laisser périr, faute de secours, ceux des siens qui se trouveroient hors d'état de résister, à se défendre mal-à-propos dans un mauvais poste, à céder légèrement un poste de la dernière importance ; dans ces sortes d'occasions il comptera sur quelque avantage imaginaire qui ne sera qu'un effet de la politique de l'ennemi, ou bien il perdra courage après un échec qui ne devroit être compté pour rien. Il se verra poursuivi sans s'y être attendu, il se trouvera enveloppé, on le combattra vivement ; heureux alors s'il peut trouver son salut dans la fuite : c'est pourquoi, pour en revenir au sujet qui fait la matière de cet article, un bon Général doit connoître tous les lieux qui sont ou qui peuvent être le théâtre de la guerre, aussi distinctement qu'il connoît tous les coins et des recoins des cours et jardins de sa propre maison.

J'ai dit dans une autre occasion que l'amour pour les hommes en général, que la justice et le talent de distribuer à propos les châtiments et les récompenses étoient les fondements sur lesquels on devoit bâtir tout système sur l'art militaire ; mais j'ajoute dans cet article qu'une connoissance exacte du terrain est ce qu'il y a de plus essentiel parmi les matériaux qu'on peut employer pour un édifice aussi important à la tranquillité et à la gloire de l'État. Ainsi un homme que la naissance ou événements semblent destiner à la dignité de Général, doit employer tous ses soins et faire tous ses efforts pour se rendre habile dans cette partie de l'art des Guerriers.

Avec une connaissance exacte du terrain, un Général peut se tirer d'affaire dans les circonstances les plus critiques ; il peut se procurer les secours qui lui manquent, il peut empêcher ceux qu'on envoie à l'ennemi ; il peut avancer, reculer et régler toutes ses démarches comme il le jugera à propos ; il peut disposer des marches de son ennemi et faire à son gré qu'il avance ou qu'il recule ; il peut le harceler sans crainte d'être surpris lui-même ; il peut l'incommoder de mille manières, et parer de son côté à tous les dommages qu'on voudroit lui causer ; il peut enfin finir ou prolonger la campagne, selon qu'il le jugera plus expédient pour sa gloire ou pour ses intérêts.

Vous pouvez compter sur une victoire certaine si vous connoissez tous les tours et tous les détours, tous les hauts et les bas, tous les allants et les aboutissants de tous les lieux que les deux armées peuvent occuper, depuis les plus près jusqu'à ceux qui sont les plus éloignés, parce qu'avec cette connoissance vous saurez[69] quelle forme il sera plus à propos de donner aux différents corps de vos troupes, vous saurez sûrement quand il sera à propos de combattre ou lorsqu'il faudra différer la bataille, vous saurez interpréter la volonté du Souverain suivant les circonstances,[70] quels que puissent être les ordres que vous en aurez reçus ; vous le servirez véritablement en suivant vos lumières présentes, vous ne contracterez aucune tache qui puisse fouiller votre réputation, et vous ne serez point exposé à périr ignominieusement pour avoir obéi.[71] Servir votre Prince, faire l'avantage de l'Etat et le bonheur des peuples, c'est ce que vous devez avoir en vue ; remplissez ce triple objet, vous avez atteint le but.

Dans quelque espèce de terrein que vous soyez, vous devez regarder vos troupes comme des enfants qui ignorent tout et qui ne sauroient faire un pas ; il faut qu'elles soient conduites ; vous devez les regarder, dis-je, comme vos propres enfants ; il faut les conduire vous-même, il faut les aimer : ainsi s'il s'agit d'affronter les hasards, que vos gens ne les affrontent pas seuls, et qu'ils ne les affrontent qu'à votre suite : s'il s'agit de mourir, qu'ils meurent ; mais mourez avec eux.

Je dis que vous devez aimer tous ceux qui sont sous votre conduite comme vous aimeriez vos propres enfants : il ne faut pas cependant en faire des enfants gâtés ; ils seroient tels, si vous ne les corrigiez pas lorsqu'ils méritent de l'être, si, quoique plein d'attention d'égards et de tendresse pour eux, vous ne pouviez pas les gouverner, ni vous en servir dans le besoin, comme vous souhaiteriez pouvoir le faire.

Dans quelque espèce de terrein que vous soyez, si vous êtes au fait de tout ce qui le concerne, si vous savez même par quel endroit il faut attaquer l'ennemi, mais si vous ignorez s'il est actuellement en état de défense ou non, s'il s'est disposé à vous bien recevoir, et s'il a fait les préparatifs nécessaires à tout événement, vous ne sauriez vaincre qu'à demi.

Quoique vous ayez une pleine connoissance de tous les lieux, que vous sachiez même que les ennemis peuvent être attaqués, et par quel côté ils doivent l'être, si vous n'avez pas des indices certains que vos propres troupes peuvent attaquer avec avantage, j'ose vous le dire, vous ne sauriez vaincre qu'à demi. Si vous êtes au fait de l'état actuel des deux armées, si vous savez en même temps que vos troupes sont en état d'attaquer avec avantage, et que celles de l'ennemi leur sont inférieures en force et en nombre, mais si vous ne connoissez pas tous les coins et recoins des lieux circonvoisins, vous vaincrez peut- être ; mais, je vous l'assure, vous ne sauriez vaincre qu'à demi. Ceux qui sont véritablement habiles dans l'art militaire font toutes leurs marches sans désavantage, tous leurs mouvements sans désordre, toutes leurs attaques à coup sûr, toutes leurs défenses sans surprise, leurs campements avec choix, leurs retraites par système et avec méthode ; ils connoissent leurs propres forces, ils savent quelles sont celles de l'ennemi, ils sont instruits de tout ce qui concerne les lieux.

15

ARTICLE IX : DES NEUF SORTES DE TERREINS

Sun-tse[72] dit : Il y a neuf sortes de lieux qui peuvent être à l'avantage ou au détriment de l'une ou de l'autre armée.

I. Des lieux de division ou de dispersion.
II. Des lieux légers.
III. Des lieux qui peuvent être disputés.
IV. Des lieux de réunion.
V. Des lieux pleins et unis.
VI. Des lieux à plusieurs issues.
VII. Des lieux graves et importants.
VIII. Des lieux gâtés ou détruits.
IX. Des lieux de mort.

J'appelle lieux de division ou de dispersion ceux qui sont près des frontières dans nos possessions. Des troupes qui se tiendroient long-temps sans nécessité au voisinage de leurs foyers sont composées d'hommes qui ont plus d'envie de perpétuer leur race que de s'exposer à la mort. A la première nouvelle qui se répandra de l'approche des ennemis, ou de quelque prochaine bataille, chacun d'eux fera de tristes réflexions ; la facilité du retour en tentera plusieurs, ils succomberont, et leur exemple ne sera que trop funeste pour la multitude. Ils auront d'abord des panégyristes, et ensuite des imitateurs : l'armée ne sera plus un seul et même corps ; elle se divisera en plusieurs bandes, qui ne reconnoîtront chacune que les ordres particuliers de ceux qui les avoient d'abord conduites ; Elles seront sourdes à la voix du Général, et bientôt elles l'abandonneront entièrement sous divers prétextes. Les plus constants, je veux dire ceux qui n'auront pas quitté encore le gros de l'armée, seront tous d'avis différent, ils seront sans cesse divisés ; et le Général ne sachant plus quel parti prendre, ni à quoi se déterminer, tout ce grand appareil militaire se dissipera et s'évanouira comme un nuage poussé par les vents.[73]

II. J'appelle lieux légers ou de légèreté ceux qui sont près des frontières, mais sur les terres des ennemis. Ces sortes de lieux n'ont rien qui puisse fixer. On peut regarder sans cesse derrière soi, et le retour étant trop aisé, il fait naître l'envie de l'entreprendre à la première occasion : l'inconstance et le caprice trouvent infailliblement de quoi se contenter.

III. Les lieux qui sont à la bienséance des deux armées, où l'ennemi peut trouver son avantage aussi-bien que nous pouvons trouver le nôtre, où l'on peut faire un campement dont la position, indépendamment de son utilité propre, peut nuire au parti opposé, et traverser quelques-unes de ses vues ; ces sortes de lieux peuvent être disputés, ils doivent même l'être.

IV. Par les lieux de réunion, j'entends ceux où nous ne pouvons guère manquer de nous rendre, et dans lesquels l'ennemi ne sauroit presque manquer de se rendre aussi, ceux encore où l'ennemi, aussi à portée de ses frontières que vous l'êtes des vôtres, trouverait, ainsi que vous, sa sûreté en cas de malheur, ou les occasions de suivre la bonne fortune, s'il avait d'abord du dessus.

V. Les lieux que j'appèle simplement lieux pleins et unis, sont ceux qui, étant larges et spacieux, peuvent suffire également pour le campement des deux armées, mais où il n'est pas à propos, pour d'autres raisons, que vous livriez un combat général, à moins que la nécessité ne vous y contraigne, ou que vous n'y soyez forcé par l'ennemi, qui ne vous laisserait aucun moyen de pouvoir l'éviter. VI. Les lieux à plusieurs issues dont je veux parler ici, sont ceux en particulier qui peuvent faciliter les différents secours, et par où les Princes voisins peuvent aider celui des deux partis qu'il leur plaira de favoriser.

VII. Les lieux que je nomme graves et importants, sont ceux qui, placés dans les Etats ennemis, présentent de tous côtés des villes, des forteresses, des montagnes, des défilés, des eaux, des ponts à passer, des campagnes arides à traverser, ou telle autre chose de cette nature.

VIII. Les lieux où tout seroit à l'étroit, où une partie de l'armée ne seroit pas à portée de voir l'autre ni de la secourir, où il y auroit des lacs, des marais, des torrents, ou quelque mauvaise rivière, où l'on ne sauroit marcher qu'avec de grandes fatigues et beaucoup d'embarras, où l'on ne pourroit aller que par pelotons, sont ceux que j'appelle gâtés ou détruits.

IX. Enfin par des lieux de mort, j'entends tous ceux où l'on se trouve tellement réduit, que, quelque parti que l'on prenne, on est toujours en danger ; j'entends des lieux dans lesquels, si l'on combat, on court évidemment risque d'être battu, dans lesquels, si l'on reste tranquille, on se voit sur le point de périr de faim, de misère ou de maladie ; des lieux, en un mot, où l'on ne sauroit rester et d'où l'on ne peut sortir que très difficilement.

Telles sont les neuf sortes de terreins dont j'avois à vous parler ; apprenez à les connoître, pour vous en défier, ou pour en tirer parti.

Lorsque vous ne serez encore que dans des lieux de division, contenez bien vos troupes; mais sur-tout ne livrez jamais de bataille, quelque favorables que les circonstances puissent vous paraître. La vue de la Patrie et la facilité du retour occasionneroient bien des lâchetés : bientôt les campagnes seroient couvertes de fuyards.

Si vous êtes dans des lieux légers, n'y établissez point votre camp ; votre armée ne s'étant point encore saisie d'aucune ville, d'aucune forteresse, ni d'aucun poste important dans les possessions des ennemis, n'ayant derrière soi aucune digue qui puisse l'arrêter, voyant des difficultés, des peines et des embarras pour aller plus avant, il n'est pas douteux qu'elle ne soit tentée de préférer ce qui lui paroît le plus aisé à ce qui lui semblera difficile et plein de dangers.

Si vous avez reconnu de ces sortes de lieux qui vous paroissent devoir être disputés, commencez par vous en emparer : ne donnez pas à l'ennemi le temps de se reconnoître, employez toute votre diligence, faites tous vos efforts pour vous en mettre dans une entière possession , mais ne livrez point de combat pour en chasser l'ennemi. S'il vous a prévenu, usez de finesse pour l'en déloger ; mais si vous y êtes une fois, n'en délogez pas.

Pour ce qui est des lieux de réunion, tâchez de vous y rendre avant l'ennemi ; faites en sorte que vous ayez une communication libre de tous les côtés ; que vos chevaux, vos chariots et tout votre bagage puissent aller et venir sans danger : n'oubliez rien de tout ce qui est en votre pouvoir pour vous assurer de la bonne volonté des peuples voisins, recherchez-la, demandez-la, achetez-la, obtenez-la à quelque prix que ce soit, elle vous est nécessaire ; et ce n'est guère que par ce moyen que votre armée peut avoir tout ce dont elle aura besoin. Si tout abonde de votre côté, il y a grande apparence que la disette régnera du côté de l'ennemi.

Dans les lieux pleins et unis étendez-vous à l'aise, donnez-vous du large, faites des retranchements pour vous mettre à couvert de toute surprise, et attendez tranquillement que le temps et les circonstances vous ouvrent les voies pour faire quelque grande action.

Si vous êtes à portée de ces sortes de lieux qui ont plusieurs issues, où l'on peut se rendre par plusieurs chemins, commencez par les bien connoître ; que rien n'échappe à vos recherches ; emparez-vous de toutes les avenues, n'en négligez aucune, quelque peu importante qu'elle vous paroisse, et gardez-les toutes très soigneusement.

Si vous vous trouvez dans des lieux graves et importants, rendez-vous maître de tout ce qui vous environne, ne laissez rien derrière vous, le plus petit poste doit être emporté ; sans cette précaution vous courriez risque de manquer des vivres nécessaires à l'entretien de votre armée, ou de vous voir l'ennemi sur les bras lorsque vous y penseriez le moins, et d'être attaqué par plusieurs côtés à la fois.

Si vous êtes dans des lieux gâtés ou détruits, n'allez pas plus avant, retournez sur vos pas, fuyez le plus promptement qu'il vous sera possible.

Si vous êtes dans des lieux de mort, n'hésitez point à combattre, allez droit à l'ennemi, le plutôt est le meilleur.

Telle est la conduite que tenoient nos anciens Guerriers. Ces grands hommes, habiles et expérimentés dans leur art, avoient pour principe que la manière d'attaquer et de se défendre ne devoit pas être invariablement la même, qu'elle devoit être prise de la nature du terrain que l'on occupoit, et de la position où l'on se trouvoit : ils disoient encore que la tête et la queue d'une armée ne dévoient pas être commandées de la même façon[74] ; que la multitude et le petit nombre ne pouvoient pas être long-temps d'accord ; que les forts et les foibles, lorsqu'ils étoient ensemble, ne tardoient guère à se désunir ; que les hauts et les bas ne pouvoient être également utiles ; que les troupes étroitement unies pouvoient aisément se diviser, mais que celles qui étoient une fois divisées ne se réunissoient que très difficilement : ils répétaient sans cesse qu'une armée ne devoit jamais se mettre en mouvement qu'elle ne fût sûre de quelque avantage réel, et que lorsqu'il n'y avoit rien à gagner, il failloit se tenir tranquille et garder le camp.

Pour rassembler sous un même point de vue la plupart des choses qui ont été dites dans ce dernier article et dans ceux qui l'ont précédé, je vous dirai que toute votre conduite militaire doit être réglée suivant les circonstances ; que vous devez attaquer ou vous défendre selon que le théâtre de la guerre sera chez vous ou chez l'ennemi.

Si la guerre se fait dans votre propre pays, et si l'ennemi, sans vous avait donné le temps de faire tous vos préparatifs, vient avec toutes ses forces pour l'envahir ou le démembrer, ou y faire des dégâts, ramassez promptement le plus de troupes que vous pourrez, envoyez demander du secours chez les voisins et chez les alliés, emparez-vous des lieux qui peuvent être utiles à l'ennemi, qui sont le plus à sa bienséance, ou sur lesquels vous jugiez qu'il ait des vues, mettez-les en état de défense, ne fût-ce que pour l'amuser et pour vous donner le temps de faire les autres préparatifs ; mettez une partie de vos soins à empêcher que l'armée ennemie ne puisse recevoir des vivres, barrez-lui tous les chemins, ou du moins faites qu'elle n'en puisse trouver aucun sans embuscades, ou sans qu'elle soit obligée de l' emporter de vive force. Les villageois, les gens de la campagne peuvent en cela vous être d'un grand secours et vous servir beaucoup plus utilement que ne feroient des troupes réglées : faites-leur entendre seulement qu'ils doivent empêcher que d'injustes ravisseurs ne viennent s'emparer de toutes leurs possessions et ne leur enlèvent leurs pères, leurs mères, leurs femmes & leurs enfants. Ne vous tenez pas seulement sur la défensive, envoyez des partis pour enlever des convois, harcelez, fatiguez, attaquez tantôt d'un côté, tantôt de l'autre ; forcez votre injuste agresseur à se repentir de sa témérité ; contraignez-le de retourner sur ses pas, n'emportant pour tout butin que la honte de n'avoir pu vous endommager.

Si vous faites la guerre dans le pays ennemi, ne divisez vos troupes que très rarement, ou mieux encore, ne les divisez jamais ; qu'elles soient toujours réunies et en état de se secourir mutuellement ; ayez soin qu'elles ne soient jamais que dans des lieux fertiles et abondants. Si elles venoient à souffrir de la faim, la misère et les maladies feroient bientôt plus de ravage parmi elles que ne pourroit faire dans plusieurs années le fer de l'ennemi. Procurez-vous pacifiquement tous les secours dont vous aurez besoin ; n'employez la force que lorsque les autres voies auront été inutiles ; faites en sorte que les habitants des villages et de la campagne puissent trouver leurs intérêts à venir d'eux-mêmes vous offrir leurs denrées ; mais, je le répète, que vos troupes ne soient jamais divisées. Tout le reste étant égal, on est plus fort de moitié lorsqu'on combat chez soi. Si vous combattez chez l'ennemi, ayez égard à cette maxime, sur-tout si vous êtes un peu avant dans ses Etats : conduisez alors votre armée entière ; faites toutes vos opérations militaires dans le plus grand secret, je veux dire qu'il faut empêcher qu'aucun ne puisse pénétrer vos desseins : il suffit qu'on sache ce que vous voulez faire quand le temps de l'exécuter sera arrivé.

Il peut arriver que vous soyez réduit quelquefois à ne savoir où aller, ni de quel côté vous tourner ; dans ce cas ne précipitez rien, attendez tout du temps et des circonstances, soyez inébranlable dans le lieu où vous êtes. Il peut arriver encore que vous vous trouviez engagé mal-à-propos ; gardez-vous bien alors de prendre une honteuse suite, elle causeroit votre perte ; périssez plutôt que de reculer, vous périrez au moins glorieusement ; cependant faites bonne contenance. Votre armée accoutumée à ignorer vos desseins, ignorera pareillement le péril qui la menace ; elle croira que vous avez eu vos raisons, et combattra avec autant d'ordre et de valeur que si vous l'aviez disposée depuis long-temps à la bataille. Si dans ces sortes d'occasions vous n'avez pas du dessous, vos soldats redoubleront de force, de courage et de valeur, votre réputation deviendra très brillante, et votre armée se croira invincible sous un Chef tel que vous.

Quelque critiques que puissent être la situation et les circonstances où vous vous trouvez, ne désespérez de rien ; c'est dans les occasions où tout est à leur enlèvent leurs pères, leurs mères, leurs femmes & leurs enfants. Ne vous tenez pas seulement sur la défensive, envoyez des partis pour enlever des convois, harcelez, fatiguez, attaquez tantôt d'un côté, tantôt de l'autre ; forcez votre injuste agresseur à se repentir de sa témérité ; contraignez-le de retourner sur ses pas, n'emportant pour tout butin que la honte de n'avoir pu vous endommager. Si vous faites la guerre dans le pays ennemi, ne divisez vos troupes que très rarement, ou mieux encore, ne les divisez jamais ; qu'elles soient toujours réunies et en état de se secourir mutuellement ; ayez soin qu'elles ne soient jamais que dans des lieux fertiles et abondants. Si elles venoient à souffrir de la faim, la misère et les maladies feroient bientôt plus de ravage parmi elles que ne pourroit faire dans plusieurs années le fer de l'ennemi. Procurez-vous pacifiquement tous les secours dont vous aurez besoin ; n'employez la force que lorsque les autres voies auront été inutiles ; faites en sorte que les habitants des villages et de la campagne puissent trouver leurs intérêts à venir d'eux-mêmes vous offrir leurs denrées ; mais, je le répète, que vos troupes ne soient jamais divisées. Tout le reste étant égal, on est plus fort de moitié lorsqu'on combat chez soi. Si vous combattez chez l'ennemi, ayez égard à cette maxime, sur-tout si vous êtes un peu avant dans ses Etats : conduisez alors votre armée entière ; faites toutes vos opérations militaires dans le plus grand secret, je veux dire qu'il faut empêcher qu'aucun ne puisse pénétrer vos desseins : il suffit qu'on sache ce que vous voulez faire quand le temps de l'exécuter sera arrivé. Il peut arriver que vous soyez réduit quelquefois à ne savoir où aller, ni de quel côté vous tourner ; dans ce cas ne précipitez rien, attendez tout du temps et des circonstances, soyez inébranlable dans le lieu où vous êtes. Il peut arriver encore que vous vous trouviez engagé mal-à-propos ; gardez-vous bien alors de prendre une honteuse suite, elle causeroit votre perte ; périssez plutôt que de reculer, vous périrez au moins glorieusement ; cependant faites bonne contenance. Votre armée accoutumée à ignorer vos desseins, ignorera pareillement le péril qui la menace ; elle croira que vous avez eu vos raisons, et combattra avec autant d'ordre et de valeur que si vous l'aviez disposée depuis long-temps à la bataille. Si dans ces sortes d'occasions vous n'avez pas du dessous, vos soldats redoubleront de force, de courage et de valeur, votre réputation deviendra très brillante, et votre armée se croira invincible sous un Chef tel que vous. Quelque critiques que puissent être la situation et les circonstances où vous vous trouvez, ne désespérez de rien ; c'est dans les occasions où tout est à craindre, qu'il ne faut rien craindre ; c'est lorsqu'on est environné de tous les dangers, qu'il n'en faut redouter aucun ; c'est lorsqu'on est sans aucune ressource, qu'il faut compter sur toutes ; c'est lorsqu'on est surpris, qu'il faut surprendre l'ennemi lui-même. Instruisez tellement vos troupes qu'elles puissent se trouver prêtes sans préparatifs, qu'elles trouvent de grands avantages là où elles n'en ont cherché aucun, que sans aucun ordre particulier de votre part elles soient toujours dans l'ordre, que sans défense expresse elles s'interdisent d'elles-mêmes tout ce qui est contre la discipline.

Veillez en particulier avec une extrême attention à ce qu'on ne sème pas de faux bruits, coupez racine aux plaintes et aux murmures, ne permettez pas qu'on tire des augures sinistres de tout ce qui peut arriver d'extraordinaire[75] ; aimez vos troupes, et procurez-leur tous les secours, tous les avantages, toutes les commodités dont elles peuvent avoir besoin. Si elles essuient de rudes fatigues, ce n'est pas qu'elles s'y plaisent ; si elles endurent la faim, ce n'est pas qu'elles ne se soucient pas de manger ; si elles s'exposent à la mort, ce n'est point qu'elles n'aiment pas la vie. Faites en vous-même de sérieuses réflexions sur tout cela.

Lorsque vous aurez tout disposé dans votre armée, et que tous vos ordres auront été données, s'il arrive que vos troupes nonchalamment assises donnent des marques de douleur, si elles vont jusqu'à verser des larmes, tirez-les promptement de cet état d'assoupissement et de léthargie, donnez-leur des festins, faites-leur entendre le bruit du tambour et des autres instruments militaires, exercez-les, faites-leur faire des évolutions, faites-leur changer de place, menez-les même dans des lieux un peu difficiles, où elles aient à travailler et à souffrir. Imitez la conduite de Tchouan-tchou et de Tsao-kouei,[76] vous changerez le cœur de vos soldats, vous les accoutumerez au travail, ils s'y endurciront, rien ne leur coûtera dans la suite. Les quadrupèdes regimbent quand on les charge trop, ils deviennent inutiles quand ils sont forcés. Les oiseaux au contraire veulent être forcés pour être d'un bon usage. Les hommes tiennent un milieu entre les uns les autres, il faut les charger, mais non pas jusqu'à les accabler ; il faut même les forcer, mais avec discrétion et mesure.

Si vous voulez tirer un bon parti de votre armée, si vous voulez qu'elle soit invincible, faites qu'elle ressemble au Chouai-jen. Le Chouai-jen est une espèce de gros serpent qui se trouve dans la montagne de Tchang-chan.[77] Si l'on frappe sur la tête de ce serpent, à l'instant sa queue va au secours, et se recourbe jusqu'à la tête : qu'on le frappe sur la queue, la tête s'y trouve dans le moment pour la défendre : qu'on le frappe sur le milieu ou sur quelque autre partie de son corps, sa tête et sa queue s'y trouvent d'abord réunies. Mais cela peut-il être pratiqué par une armée, dira peut-être quelqu'un ? Oui, cela se peut, cela se doit, et il le faut.

Quelques soldats du Royaume de Ou se trouvèrent un jour à passer une rivière en même temps que d'autres soldats du Royaume de Yue[78] la passoient aussi ; un vent impétueux souffla, les barques furent renversées et les hommes seroient tous péris, s'ils ne se fussent aidés mutuellement : ils ne pensèrent pas alors qu'ils étoient ennemis, ils se rendirent au contraire tous les offices qu'on pouvoit attendre d'une amitié tendre et sincère. Je vous rappelle ce trait d'histoire pour vous faire entendre que non seulement les différents corps de votre armée doivent se secourir mutuellement, mais encore qu'il faut que vous secouriez vos alliés, que vous donniez même du secours aux peuples vaincus qui en ont besoin ; car s'ils vous sont soumis, c'est qu'ils n'ont pu faire autrement ; si leur Souverain vous a déclaré la guerre, ce n'est pas leur faute. Rendez-leur des services, ils auront leur tour pour vous en rendre aussi.

En quelque pays que vous soyez, quel que soit le lieu que vous occupiez, si dans votre armée il y a des étrangers, ou si, parmi les peuples vaincus, vous avez choisi des soldats pour grossir le nombre de vos troupes, ne souffrez jamais que dans les corps qu'ils composent, ils soient ou les plus forts, ou en plus grand nombre que vos propres gens. Quand on attache plusieurs chevaux à un même pieu, on se garde bien de mettre ceux qui sont indomptés, ou tous ensemble, ou avec d'autres en moindre nombre qu'eux, ils mettroient tout en désordre ; mais lorsqu'ils sont domptés, ils suivent aisément la multitude.

Dans quelque position que vous puissiez être, si votre armée est inférieure à celle des ennemis, votre seule conduite, si elle est bonne, peut la rendre victorieuse. A quoi vous serviroit d'être placé avantageusement, si vous ne saviez pas tirer parti de votre position ? A quoi servent la bravoure sans la prudence, la valeur sans la ruse ? Un bon Général tire parti de tout, et il n'est en état de tirer parti de tout que parcequ'il fait toutes ses opérations avec le plus grand secret, qu'il sait conserver son sang froid, et qu'il gouverne avec droiture, de telle sorte néanmoins que son armée a sans cesse les oreilles trompées et les yeux fascinés : il fait si bien que ses troupes ne savent jamais ce qu'elles doivent faire, ni ce qu'on doit leur commander. Si les événements changent, il change de conduite ; si les méthodes, les systèmes ont des inconvénients, il les corrige toutes les fois qu'il le veut, et comme il le veut. Si ses propres gens ignorent ses desseins, comment les ennemis pourroient-ils les pénétrer ?

Un habile Général sait d'avance tout ce qu'il doit faire ; tout autre que lui doit l'ignorer absolument. Telle étoit la pratique de ceux de nos anciens guerriers qui se sont le plus distingués dans l'art sublime du gouvernement. Vouloient-ils prendre une ville d'assaut, ils n'en partaient que lorsqu'ils étoient aux pieds des murs. Ils montoient les premiers, tout le monde les suivoit ; et lorsqu'on étoit logé sur la muraille, ils faisoient rompre toutes les échelles. Etoient-ils bien avant dans les terres des alliés, ils redoubloient d'attention et de secret. Partout ils conduisoient leurs armées comme un berger conduit un troupeau ; ils les faisoient aller où bon leur sembloit, ils les faisoient revenir sur leurs pas, ils les faisoient retourner, et tout cela sans murmure, sans résistance de la part d'un seul.

La principale science d'un Général consiste à bien connoître les neuf sortes de terreins, afin de pouvoir faire à propos les neuf changements. Elle consiste à savoir étendre et replier les troupes suivant les lieux et les circonstances, à travailler efficacement à cacher les propres intentions et à découvrir celles de l'ennemi, à avoir pour maxime certaine que les troupes sont très unies entr'elles, lorsqu'elles sont bien avant dans les terres ennemies ; qu'elles se divisent au contraire et se dispersent très aisément, lorsqu'on ne se tient qu'aux frontières ; qu'elles ont déjà la moitié de la victoire, lorsqu'elles se sont emparées de tous les allants et les aboutissants, tant de l'endroit où elles doivent camper que des environs du camp de l'ennemi ; que c'est un commencement de succès que d'avoir pu camper dans un terrein vaste, spacieux, et ouvert de tous les côtés ; mais que c'est presque avoir vaincu, lorsqu'étant dans les possessions ennemies, elles se sont emparées de tous les petits postes, de tous les chemins, de tous les villages qui sont au moins des quatre côtés, et que par leurs bonnes manières, elles ont gagné l'affection de ceux qu'elles veulent vaincre, ou qu'elles ont déjà vaincus.

Instruit par l'expérience et par mes propres réflexion, j'ai tâché, lorsque je commandois les armées, de réduire en pratique tout ce que je vous rappelle ici. Quand j'étais dans des lieux de division, je travaillois à l'union des coeurs et à l'uniformité des sentiments ; lorsque j'étais dans des lieux légers, je rassemblois mon monde, et je l'occupois utilement ; lorsqu'il s'agissoit des lieux qu'on peut disputer, je m'en emparois le premier, quand je le pouvois ; si l'ennemi m'avoit prévenu, j'allois après lui, et j'usais d'artifices pour l'en déloger : lorsqu'il étoit question des lieux de réunion, j'observois tout avec une extrême diligence, et je voyois venir l'ennemi ; dans un terrein plein et uni, je m'étendois à l'aise et j'empêchois l'ennemi de s'étendre ; dans des lieux à plusieurs issues, quand il m'étoit impossible de les occuper tous, j'étais sur mes gardes, j'observois l'ennemi de près, je ne le perdois pas de vue : dans des lieux graves et importants, je nourrissois bien le soldat et je l'accablois de caresses ; dans des lieux gâtés ou détruits, je tâchois de me tirer d'embarras, tantôt en faisant des détours et tantôt en remplissant les vuides ; enfin dans des lieux de mort, je faisois voir à l'ennemi que je ne cherchois pas à vivre. Les troupes bien disciplinées ne se laissent jamais envelopper ; elles redoublent d'efforts dans les extrémités, elles affrontent les dangers sans crainte, elles se défendent avec vigueur, elles poursuivent l'ennemi sans désordre. Si celles que vous commandez ne sont pas telles, c'est votre faute ; vous ne méritez pas d'être à leur tête.

Si vous ne savez pas en quel nombre sont les ennemis contre lesquels vous devez combattre, si vous ne connoissez pas leur fort et leur foible, vous ne ferez jamais les préparatifs ni les dispositions nécessaires pour la conduite de votre armée : vous ne méritez pas de commander.

Si vous ignorez où il y a des montagnes et des collines, des lieux secs ou humides, des lieux escarpés ou pleins de défilés, des lieux marécageux ou pleins de périls, vous ne sauriez donner des ordres convenables, vous ne sauriez conduire votre armée ; vous êtes indigne de commander.

Si vous ne connoissez pas tous les chemins, si vous n'avez pas soin de vous munir de guides sûrs et fidèles pour vous conduire par les routes que vous ignorerez, vous ne parviendrez pas au terme que vous vous proposez, vous serez la dupe des ennemis; vous ne méritez pas de commander.

Si vous ne savez pas combiner quatre et cinq tout à la fois,[79] vos troupes ne sauroient aller de pair avec celles des Pa et des Ouang.[80]

Lorsque les Pa et les Ouang avoient à faire la guerre contre quelque grand Prince, ils s'unissoient entr'eux, ils tâchoient de troubler tout l'univers,[81] ils mettoient dans leur partie le plus de monde qu'il leur étoit possible, ils recherchoient sur-tout l'amitié de leurs voisins, ils l'achetoient même bien cher, s'il le falloit : ils ne donnoient pas à l'ennemi le temps de se reconnoître, encore moins celui d'avoir recours à ses alliés et de rassembler toutes ses forces, ils l'attaquoient lorsqu'il n'étoit pas encore en état de défense ; aussi, s'ils faisoient le siège d'une ville, ils s'en rendoient maîtres à coup sûr. S'ils voûtaient conquérir une Province, elle étoit à eux ; quelques grands avantages qu'ils se fussent d'abord procurés, ils ne s'endormoient pas, ils ne laissoient jamais leur armée s'amollir par l'oisiveté ou la débauche, ils entretenoient une exacte discipline, ils punissoient sévèrement, quand les cas l'exigeoient, et ils donnoient libéralement des récompenses, lorsque les occasions le demandoient. Outre les lois ordinaires de la guerre, ils en faisoient de particulières, suivant les circonstances des temps et des lieux. Voulez-vous réussir ? Prenez pour modèle de votre conduite celle que je viens de vous tracer ; regardez votre armée comme un seul homme que vous seriez chargé de conduire, ne lui motivez jamais votre manière d'agir ; faites-lui savoir exactement tous vos avantages, mais cachez-lui avec grand soin jusqu'à la moindre de vos pertes ; faites toutes vos démarches dans le plus grand secret ; éclairez toutes celles de l'ennemi, ne manquez pas de prendre les mesures les plus efficaces pour pouvoir vous assurer de la personne de leur Général ; tâchez de l'avoir vif ou mort[82] ; ne divisez jamais vos forces ; ne vous laissez jamais abattre à la vue d'un danger, quelque grand qu'il puisse être ; soyez vainqueur, ou mourez glorieusement. Dès que votre armée sera hors des frontières, faites-en fermer les avenues, déchirez la partie du sceau qui est entre vos mains,[83] ne souffrez pas qu'on écrive ou qu'on reçoive des nouvelles[84] ; assemblez votre Conseil dans le lieu destiné à honorer les Ancêtres,[85] et là, en présence de tout le monde, protestez-leur que vous êtes disposé à ne rien faire dont la honte puisse rejaillir sur eux ; après cela allez à l'ennemi.

Avant que la campagne soit commencée, soyez comme une jeune fille qui ne sort pas de la maison ; elle s'occupe des affaires du ménage, elle a soin de tout préparer, elle voit tout, elle entend tout, elle fait tout, elle ne se mêle d'aucune affaire en apparence. La campagne une fois commencée, vous devez avoir la promptitude d'un lièvre qui, se trouvant poursuivi par des chasseurs, tâcheroit, par mille détours, de trouver enfin son gîte, pour s'y réfugier en sûreté.

16

ARTICLE XII : PRÉCIS DE LA MANIÈRE DE COMBATTRE PAR LE FEU

Les différentes manières de combattre par le feu se réduisent à cinq. La première consiste à brûler les hommes ; la seconde, à brûler les provisions ; la troisième, à brûler les bagages ; la quatrième, à brûler les magasins ; et la cinquième, à brûler l'attirail.[86] Avant que d'entreprendre ce genre de combat, il faut avoir tout prévu, il faut avoir reconnu la position des ennemis, il faut s'être mis au fait de tous les chemins par où il pourroit s'échapper ou recevoir du secours, il faut s'être muni des choses nécessaires pour l'exécution du projet, il faut que le temps et les circonstances soient favorables

Préparez d'abord toutes les matières combustibles[87] dont vous voulez faire usage : dès qu'une fois vous aurez mis le feu, faites attention à la fumée. Il y a le temps de mettre le feu, il y a le jour de le faire éclater : n'allez pas confondre ces deux choses. Le temps de mettre le feu est celui où tout est tranquille sous le Ciel, où la sérénité paroît devoir être de durée. Le jour de le faire éclater est celui où la lune se trouve sous quelqu'une de ces quatre constellations, Ki, Pi, Y, Tchen.[88] Il est rare que le vent ne souffle point alors, et il arrive très souvent qu'il souffle avec force.

Les cinq manières de combattre par le feu demandent de votre part une conduite qui varie suivant les circonstances : ces variations se réduisent à cinq. Je vais les indiquer, afin que vous puissiez les employer dans les occasions.

I. Dès que vous aurez mis le feu, si, après quelque temps, il n'y a aucune rumeur dans le camp des ennemis, si tout est tranquille chez eux, restez vous-même tranquille, n'entreprenez rien ; attaquer imprudemment, c'est chercher à se faire battre. Vous savez que le feu a pris, cela doit vous suffire : en attendant vous devez supposer qu'il agit sourdement ; ses effets n'en seront que plus funestes. Il est au-dedans ; attendez qu'il éclate et que vous en voyez des étincelles au-dehors, vous pourrez aller recevoir ceux qui ne chercheront qu'à se sauver.

II. Si peu de temps après avoir mis le feu, vous voyez qu'il s'élève par tourbillons, ne donnez pas aux ennemis le temps de l'éteindre, envoyez des gens pour l'attiser, disposez promptement toutes choses, et courez au combat.

III. Si malgré toutes vos mesures et tous les artifices que vous aurez pu employer, il n'a pas été possible à vos gens de pénétrer dans l'intérieur, et si vous êtes forcé à ne pouvoir mettre le feu que par dehors, observez de quel côté vient le vent ; c'est de ce côté que doit commencer l'incendie ; c'est par le même côté que vous devez attaquer. Dans ces sortes d'occasions, qu'il ne vous arrive jamais de combattre sous le vent.

IV. Si pendant le jour le vent a soufflé sans discontinuer, regardez comme une chose sure que pendant la nuit il y aura un temps où il cessera : prenez là-dessus vos précautions et vos arrangements.

V Un général qui, pour combattre ses ennemis, fait employer le feu toujours à propos, est un homme véritablement éclairé : un Général qui fait se servir de l'eau pour la même fin, est un excellent homme.[89] Cependant, il ne faut employer l'eau qu'avec discrétion. Servez-vous-en, à la bonne heure ; mais que ce ne soit que pour gâter les chemins par où les ennemis pourroient s'échapper ou recevoir du secours.

Les différentes manières de combattre par le feu, telles que je viens de les indiquer, sont ordinairement suivies d'une pleine victoire, dont il faut que vous sachiez recueillir les fruits. Le plus considérable de tous, et celui sans lequel vous auriez perdu vos soins et vos peines, est de connoître le mérite de tous ceux qui se seront distingués, c'est de les récompenser en proportion de ce qu'ils auront fait pour la réussite de l'entreprise. Les hommes se conduisent ordinairement par l'intérêt[90] ; si vos troupes ne trouvent dans le service que des peines et des travaux, vous ne les emploierez pas deux fois avec avantage.

Faire la guerre est en général quelque chose de mauvais en soi. La nécessité seule doit la faire entreprendre. Les combats, de quelque nature qu'ils soient, ont toujours quelque chose de funeste pour les vainqueurs eux-mêmes ; il ne faut les livrer que lorsqu'on ne sauroit faire la guerre autrement.

Lorsqu'un Souverain est animé par la colère ou la vengeance, qu'il ne lui arrive jamais de lever des troupes : lorsqu'un Général trouve qu'il a dans le coeur les mêmes sentiments, qu'il ne livre jamais de combats. Pour l'un et pour l'autre ce sont des temps nébuleux : qu'ils attendent les jours de sérénité pour se déterminer et pour entreprendre.

S'il y a quelque profit à espérer en vous mettant en mouvement, faites marcher votre armée ; si vous ne prévoyez aucun avantage, tenez-vous en repos : eussiez-vous les sujets les plus légitimes d'être irrité, vous eût-on provoqué, insulté même, attendez, pour prendre votre parti, que le feu de la colère se soit dissipé, et que les sentiments pacifiques s'élèvent en foule dans votre coeur : n'oubliez jamais que votre dessein, en faisant la guerre, doit être de procurer à l'Etat la gloire, la splendeur et la paix, et non pas d'y mettre le trouble, le désordre et la confusion.

Ce sont les intérêts de la Nation et non pas vos intérêts personnels que vous défendez. Vos vertus et vos vices, vos belles qualités et vos défauts rejaillissent également sur ceux que vous représentez. Vos moindres fautes sont toujours de conséquence ; les grandes sont souvent irréparables, et toujours très funestes. Il est difficile de soutenir un Royaume que vous aurez mis sur le penchant de la ruine ; il est impossible de le relever, s'il est une fois détruit[91] : on ne ressuscite pas un mort. De même qu'un Prince sage et éclairé met tous ses soins à bien gouverner, ainsi un Général habile n'oublie rien pour former de bonnes troupes, et pour les employer à la gloire, à l'avantage et au bonheur de l'Etat.

17

ARTICLE XIII : DE LA MANIÈRE D'EMPLOYER LES DISSENTIONS ET DE METTRE LA DISCORDE

Sun-tse[92] dit : Si ayant sur pied une armée de cent mille hommes, vous devez la conduire jusqu'à la distance de mille li (cent lieues), il faut compter qu'au dehors, comme au-dedans,[33] tout sera en mouvement et en rumeur. Les villes et les villages dont vous aurez tiré les hommes qui composent vos troupes ; les hameaux et les campagnes dont vous aurez tiré vos provisions et tout l'attirail de ceux qui doivent les conduire ; les chemins remplis de gens qui vont et viennent, tout cela ne sauroit arriver qu'il n'y ait bien des familles dans la désolation, bien des terres incultes, et bien des dépenses pour l'Etat.

Sept cents mille familles dépourvues de leurs chefs ou de leurs soutiens, se trouvent tout-à-coup hors d'état de vaquer à leurs travaux ordinaires[94] ; les terres privées d'un pareil nombre de ceux qui les faisoient valoir, diminuent, en proportion des soins qu'on leur refuse, la quantité comme la qualité de leurs productions. Les appointements de tant d'Officiers, la paie journalière de tant de soldats et l'entretien de tout le monde creusent peu-à-peu les greniers et les coffres du Prince comme ceux du peuple, et ne sauroient manquer de les épuiser bientôt.

Etre plusieurs années à observer ses ennemis, ou à faire la guerre, c'est ne point aimer le peuple, c'est être l'ennemi de l'Etat ; toutes les dépenses, toutes les peines, tous les travaux et toutes les fatigues de plusieurs années n'aboutissent le plus souvent, pour les vainqueurs eux-mêmes, qu'à une journée de triomphe et de gloire, celle où ils ont vaincu. N'employer pour vaincre que la voie des sièges et des batailles, c'est ignorer également et les devoirs de Souverain et ceux de Général ; c'est ne pas savoir gouverner ; c'est ne pas savoir servir l'Etat.

Ainsi, le dessein de faire la guerre une fois formé, les troupes étant déjà sur pied et en état de tout entreprendre, ne dédaignez pas d'employer les artifices. Commencez par vous mettre au fait de tout ce qui concerne les ennemis ; sachez exactement tous les rapports qu'ils peuvent avoir, leurs liaisons et leurs intérêts réciproques ; n'épargnez pas les grandes sommes d'argent ; n'ayez pas plus de regret à celui que vous ferez passer chez l'Etranger, soit pour vous faire des créatures, soit pour vous procurer des connoissances exactes, qu'à celui que vous emploierez pour la paie de ceux qui sont enrôlés sous vos étendards : plus vous dépenserez, plus vous gagnerez ; c'est un argent que vous placez, pour en retirer un gros intérêt. Ayez des espions par-tout, soyez instruit de tout, ne négligez rien de ce que vous pourrez apprendre ; mais quand vous aurez appris quelque chose, ne la confiez pas indiscrettement à tous ceux qui vous approchent. Quand il s'agira d'employer quelque ruse, comptez beaucoup plus sur les mesures que vous aurez prises pour la faire réussir, que sur le secours des Esprits que vous aurez invoqués.[95]

Quand un habile Général se met en mouvement, l'ennemi est déjà vaincu : quand il combat, il doit faire lui seul plus que toute son armée ensemble ; non pas toutefois par la force de son bras, mais par sa prudence, par sa manière de commander, et sur-tout par ses ruses. Il faut qu'au premier signal une partie de l'armée ennemie se range de son côté pour combattre sous ses étendards : il faut qu'il soit toujours l'accorder aux conditions qu'il jugera à propos. Le grand secret de venir à bout de tout consiste dans l'art de savoir mettre la division à propos ; division dans les villes et les villages, division dans le dedans, division entre les inférieurs et les supérieurs, division de mort, division de vie. Ces cinq sortes de divisions ne sont que les branches d'un même tronc. Celui qui sait les mettre en usage est un homme véritablement digne de commander ; c'est le trésor de son Souverain et le soutien de l'Empire.

J'appelle division dans les villes et les villages, ou simplement division au dehors, celle par laquelle on trouve le moyen de détacher du parti ennemi les habitants des villes et des villages qui sont de sa domination, et de se les attacher de manière à pouvoir s'en servir sûrement dans le besoin. J'appelle division dans le dedans celle par laquelle on trouve le moyen d'avoir à son service les Officiers qui servent actuellement dans l'armée ennemie. Par la division entre les inférieurs et les supérieurs, j'entends celle qui nous met en état de profiter de la mésintelligence que nous aurons su mettre entre les différents corps qui composent l'armée que nous aurons à combattre. La division de mort est celle par laquelle, après avoir fait donner de faux avis sur l'état où nous nous trouvons, nous faisons courir des bruits injurieux à l'ennemi, lesquels nous faisons passer jusqu'à la Cour de son Souverain, qui, les croyant vrais, se conduit en conséquence envers ses Généraux et tous les Officiers qui sont actuellement à son service. La division de vie est celle par laquelle on répand l'argent à pleines mains envers tous ceux qui ayant quitté le service de leur légitime Maître, ont passé de votre côté, ou pour combattre sous vos étendards, ou pour vous rendre d'autres services non moins essentiels.

Si vous avez su vous faire des créatures dans les villes et les villages des ennemis, vous ne manquerez pas d'y avoir bientôt quantité de gens qui vous seront entièrement dévoués : vous saurez par leur moyen les dispositions du grand nombre des leurs à votre égard : ils vous suggéreront la manière et les moyens que vous devez employer pour gagner ceux de leurs compatriotes dont vous aurez le plus à craindre ; et quand le temps de faire des sièges sera venu, vous pourrez faire des conquêtes, sans être obligé de monter à l'assaut, sans coup férir, sans même tirer l'épée.

Si les ennemis qui sont actuellement occupés à vous faire la guerre, ont à leur service des Officiers qui ne soient pas d'accord entr'eux : si de mutuels soupçons, de petites jalousies, des intérêts personnels les tiennent divisés, vous trouverez aisément les moyens d'en détacher une partie ; car quelque vertueux qu'ils puissent être d'ailleurs, quelque dévoués qu'ils soient à leur Souverain, l'appât de la vengeance, celui des richesses ou des postes le maître d'accorder la paix et de éminents que vous leur promettrez, suffiront de reste pour les gagner ; et quand une fois ces passions seront allumées dans leur coeur, il n'est rien qu'ils ne tentent pour les satisfaire.

Si les différents corps qui composent l'armée des ennemis ne se soutiennent pas entr'eux, s'ils sont occupés à s'observer mutuellement, s'ils cherchent réciproquement à se nuire, il vous sera aisé d'entretenir leur mésintelligence, de fomenter leurs divisions ; vous les détruirez peu à peu les uns par les autres, sans qu'il soit besoin qu'aucun d'eux se déclare ouvertement pour votre parti : tous vous serviront sans le vouloir, même sans le savoir.

Si vous avez fait courir des bruits, tant pour persuader ce que vous voulez qu'on croie de vous, que sur les fausses démarches que vous supposerez avoir été faites par les Généraux ennemis : si vous avez fait passer de faux avis jusqu'à la Cour et au Conseil même du Prince contre les intérêts duquel vous avez à combattre : si vous avez su faire douter des bonnes intentions de ceux même dont la fidélité à leur Prince vous sera le plus connue, bientôt vous verrez que chez les ennemis les soupçons ont pris la place de la confiance, que les récompenses ont été substituées aux châtiments et les châtiments aux récompenses, que les plus légers indices tiendront lieu des preuves les plus convainquantes pour faire périr quiconque sera soupçonné. Alors leurs meilleurs Officiers, leurs Ministres les plus éclairés se dégoûteront, leur zèle se ralentira ; et se voyant sans espérance d'un meilleur sort, ils se réfugieront chez vous, pour se délivrer des justes craintes dont ils étoient perpétuellement agités, et pour mettre leurs jours à couvert. Leurs parents, leurs alliés ou leurs amis seront accusés, recherchés, mis à mort. Les brigues se formeront, l'ambition se réveillera, ce ne seront plus que perfidies, que cruelles exécutions, que désordres, que révoltes de tous côtés. Que vous restera-t-il à faire pour vous rendre maître d'un pays dont les peuples voudraient déjà vous voir en possession ?[96]

Si vous récompensez ceux qui se seront donnés à vous pour se délivrer des justes craintes dont ils étoient perpétuellement agités, et pour mettre leurs jours à couvert ; si vous leur donnez de l'emploi, leurs parents, leurs alliés, leurs amis seront autant de sujets que vous acquerrez à votre Prince. Si vous répandez l'argent à pleines mains, si vous traitez bien tout le monde, si vous empêchez que vos soldats ne fassent le moindre dégât dans les endroits par où ils passeront, si les peuples vaincus ne souffrent aucun dommage, assurez-vous qu'ils sont déjà gagnés, et que le bien qu'ils diront de vous attirera plus de sujets à votre Maître et plus de villes sous sa domination, que les plus brillantes victoires.

Soyez vigilant et éclairé ; mais montrez à l'extérieur beaucoup de sécurité, de simplicité et même d'indifférence ; soyez toujours sur vos gardes, quoique vous paroissiez ne penser à rien ; défiez-vous de tout, quoique vous paroissiez sans défiance ; soyez extrêmement secret, quoiqu'il paroisse que vous ne fassiez rien qu'à découvert ; ayez des espions par-tout ; au lieu de paroles, servez-vous de signaux ; voyez par la bouche, parlez par les yeux : cela n'est pas aisé ; cela est très difficile. On est quelquefois trompé lorsqu'on croit tromper les autres. Il n'y a qu'un homme d'une prudence consommée, qu'un homme extrêmement éclairé, qu'un sage du premier ordre qui puisse employer à propos et avec succès l'artifice des divisions. Si vous n'êtes point tel, vous devez y renoncer ; l'usage que vous en seriez ne tournerait qu'à votre détriment.

Après avoir enfanté quelque projet, si vous apprenez que votre secret a transpiré, faites mourir sans rémission, tant ceux qui l'auront divulgué que ceux à la connoissance desquels il sera parvenu. Ceux-ci ne sont point coupables encore à la vérité, mais ils pourroient le devenir. Leur mort sauvera la vie à quelques milliers d'hommes, et assurera la fidélité d'un plus grand nombre encore.

Punissez sévèrement, récompensez avec largesse : multipliez les espions, ayez-en par tout, dans le propre Palais du Prince ennemi, dans l'Hôtel de ses Ministres, sous les tentes de ses Généraux ; ayez une liste des principaux Officiers qui sont à son service ; sachez leurs noms, leurs surnoms, le nombre de leurs enfants, de leurs parents, de leurs amis, de leurs domestiques ; que rien ne se passe chez eux que vous n'en soyez instruit.

Vous aurez vos espions par-tout : vous devez supposer que l'ennemi aura aussi les siens. Si vous venez à les découvrir, gardez-vous bien de les faire mettre à mort ; leurs jours doivent vous être infiniment précieux. Les espions des ennemis vous serviront efficacement, si vous mesurez tellement vos démarches, vos paroles et toutes vos actions, qu'ils ne puissent jamais donner que de faux avis à ceux qui les ont envoyés.

Enfin un bon Général doit tirer parti de tout ; il ne doit être surpris de rien, quoi que ce soit qui puisse arriver. Mais par-dessus tout, et préférablement à tout, il doit mettre en pratique les cinq sortes de divisions. S'il a le véritable art de s'en servir, j'ose l'assurer, il n'est rien qu'il ne puisse. Défendre les Etats de son Souverain, les agrandir, faire chaque jour de nouvelles conquêtes, exterminer les ennemis, fonder même de nouvelles Dynasties, tout cela peut n'être que l'effet des artifices employés à propos.

Le grand Y-yn[97] ne vivoit-il pas du temps des Hia ? C'est par lui cependant que s'établit la Dynastie Yn. Le célèbre Lu-ya[98] n'était-il pas sujet des Yn, lorsque, par son moyen, la Dynastie Tcheou monta sur le Trône ? Quel est celui de nos livres qui ne fasse l'éloge de ces deux grands hommes ? L'Histoire leur a-t-elle jamais donné les noms de traîtres à leur Patrie, ou de rebelles à leurs Souverains ?

Bien loin de là, elle en parle toujours avec le plus grand respect. Ce sont, dit-elle, des Héros, des Princes vertueux, de saints personnages.[99] Voilà tout ce qu'on peut dire en substance sur la manière d'employer les divisions, et c'est par où je finis mes réflexions sur l'Art des Guerriers.

18

Notes et commentaires

Vous trouverez ici le détail de toutes les notes et commentaires autour du texte.

---

[1] Cao Cao (un des plus importants), Meng Zhi, Li Quan, Du You, Du Mu, Zhen Hao, Jia Lin, Mei Yanchen, Wang Xi, He Yanshi et Zhang Yu.

[2] Pour cela, j'ai dû chercher un peu partout et solliciter de l'aide afin de localiser, de découvrir puis, de me procurer l'édition originelle de 1772. Je dois vous avouer que ce fut pour moi un moment très émouvant que de pouvoir lire le texte dans son édition d'origine.

[3] Historien chinois (145 - 86 av. J.-C). Annaliste officiel de l'empereur Wudi, il composa le Shiji, ouvrage historique fondamental dans lequel sont recensés les événements politiques chinois des origines à l'an 8 7 av. J.-C. Encyclopédie Hachette Multimédia.

[4] Période des Printemps et des Automnes: 722-481 BCE (avant l'ère commune).

[5] Période des Royaumes Combattants : 463-256 BCE. La date de début ne fait pas la totale unanimité, mais je penche tout de même en faveur de cette date.

[6] Élaborée dans les années 50 par la Chine populaire.

[7] Les politiques chinoises évoluent mais le défi est à l'image de la taille du pays et de la situation parfois catastrophique de départ.

[8] Un autre stratège mais plutôt chantre de la guerre du style napoléonien où l'objectif est la destruction de l'armée adverse.

[9] MM. Ko et Yang. M. Parent, Conseiller de la Cour des Monnoies, est chargé de cette correspondance. Ses lumières et son zèle répondent parfaitement aux intentions du Ministre.

[10] Préface du Lou-tao.

[11] Ou-ouang est le Fondateur de la Dynastie des Tcheou : il monta sur le Trône l'an 1122 avant J.C.

[12] Kao-ti, autrement dit Kao-tsou, est le Fondateur de la Dynastie des Han : il monta sur le Trône l'an 106 avant J.C.

[13] Han-sin et Tan-tao-tsi sont deux fameux Généraux, dont les Chinois parlent encore aujourd'hui avec admiration : ils leur joignent Keng-kan, Ou-han et Lai-hi.

[14] Ouen-ti, troisième Empereur de la Dynastie des Soung, et Ouen-ti, quatrième Empereur des Han, sont fameux par leurs exploits militaires. Ouen-ti des Han régnoit l'an 179 avant J.C. et Ouen-ti des Soung monta sur le Trône l'an 424 après J.C.

[15] Ou-ti étoit le sixième Empereur des Han Occidentaux ; il vivoit 140 ans avant J.C. Il y a eu un autre Ou-ti, treizième Empereur de la Dynastie des Tsin, ou, pour mieux dire, neuvième Empereur des Tsin Occidentaux, lequel s'est rendu recommandable par ses qualités guerrières : il régnoit l'an 373 après J.C.

[16] Tai-tsou est le Fondateur de la Dynastie des Ming. Il monta sur le Trône l'an de J.C. 1368 : il est connu sous le nom de Houng-ou, qui est celui de son règne.

[17] Che-tsou, autrement dit Chun-tche, est le premier de la Dynastie régnante, qui ait porté, de son vivant, le titre d'Empereur de la Chine. Dans la révolution qui arriva l'an 1644, il s'est fait, de la part des Tartares Mantchous, des actions de sagesse, de bravoure et de politique, qu'on seroit tenté de regarder comme fabuleuses, si elles ne s'étoient passées dans un temps si voisin du nôtre : mais il faut tout dire ; c'est en suivant les conseils des Chinois que ces Tartares ont fait tout ce que nous admirons. Je pourrai dans la suite donner une histoire une peu détaillée de cette révolution.

[18] On verra, dans la Préface que l'Empereur place à la tête de ses Préceptes, en quel sens il est l'Auteur de l'Ouvrage qui porte son nom. C'est la coutume des Empereurs Chinois de ne pas mettre de différence entre ce qu'ils font faire et ce qu'ils font eux-mêmes, en fait de

Littérature. J'ai tant travaillé sur cette matière, disoit autrefois Kang-hi, à l'occasion d'un point d'Anatomie, dont on lui rendoit compte, que je dois bien être au fait. Tout son travail en ce genre consistoit dans un ordre qu'il avoit donné au P. Perrennin de traduire en Tartare-Mantchou les Ouvrages de M. Dionis.

[19] Les Empereurs Tartares-Mantchous, qui ont gouverné la Chine depuis la destruction des Ming, n'ont pas cru pouvoir mieux traiter la théorie de la guerre que n'avoient fait les Chinois qu'ils ont vaincus ; c'est pourquoi ils se sont contentés de faire traduire, avec tout le soin possible, leurs Ouvrages les plus essentiels : ils se sont approprié tout ce qu'ils ont trouvé chez la Nation vaincue, qui pouvoit leur convenir ; et en adoptant la forme de leur Gouvernement, quant au principal, ils n'ont pas jugé qu'il fût indigne d'eux d'adopter également la plupart de leurs préceptes militaires. S'il y a de la différence entre la milice d'aujourd'hui et celle des anciens Chinois, elle ne se trouve guère que dans une certaine police extérieure, qui ne doit être comptée pour rien. Les dix Préceptes de l'Empereur Yong-tcheng sont faits en général pour l'instruction de tous les Mantchous, parce qu'ils sont censés être tous gens de guerre.

[20] Le Royaume de Tsi étoit dans le Chan-tong.

[21] Le Royaume de Ou étoit dans le Tche-kiang. Il s'étendoit dans le Kiang-si, et dans le Kiang-nan, et occupait une partie de chacune de ces Provinces.

[22] Le Royaume de Tchou étoit dans le Ho-nan, Kin-tcheou en étoit la Capitale.

[23] Le Royaume de Ho-lou étoit dans le Chan-tong. On l'appeloit plus communément le Royaume de Lou.

[24] C'est aux Militaires en général que l'Auteur adresse la parole dans tout ce qu'il dit dans son Traité, mais plus particulièrement aux Généraux et aux Officiers.

[25] Par le mot de Doctrine on peut entendre ici la Religion, puisque la Doctrine est en effet toute la Religion des Chinois, de ceux au moins que les ridicules superstitions de l'idolâtrie n'ont pas infectés. Cette Doctrine, dont l'Auteur veut parler, est celle qui apprend aux hommes une morale dictée par les lumières de la raison. Par le Ciel, l'Auteur entend la connoissance des choses purement naturelles que le Ciel offre à nos yeux sous les différents climats, dans les différentes saisons et sous les différentes températures de l'air. Il entend aussi la connoissance des deux principes Yn et Yang, par lesquels toutes les choses naturelles sont formées et par lesquels les éléments reçoivent leurs différentes modifications. En général l'Yn et l'Yang sont, dans le système de la

Physique Chinoise, les deux principes qui, mis en action par un principe supérieur, qu'ils appellent Tai-ki, peuvent produire tout ce qui compose cet Univers. Par la Terre, l'Auteur entend probablement la connnoissance de la géographie, et de la typographie de chaque lieu particulier. La manière dont s'expriment les Chinois est relative à leur façon d'envisager les hoses. Quoique la plupart aient de l'esprit, quoique leur esprit soit pour l'ordinaire bon et juste, quoiqu'il y ait de la clarté et de la finesse dans leurs idées, cependant la manière dont ils les rendent, est souvent une énigme qu'on a bien de la peine à déchiffrer. S'ils ont plusieurs choses à exprimer, et qu'un seul caractère les leur représente, ils l'emploient sans hésiter, ne faisant point attention que ceux qui liront leur Ouvrage, n'ayant pas comme eux la tête remplie du sujet qu'ils ont traité, ne prendront pas, peut-être, ou ne prendront qu'une partie de leur pensée. Je remarque ceci une fois pour toutes.

[26] Par les Rois qui gouvernent le monde, l'Auteur entend les différents Princes qui gouvernoient alors la Chine.

[27] Les mots que j'ai rendus par ceux de doctrine et de vertu, peuvent signifier encore ici coutumes, moeurs, usages, etc.

[28] Suivant les principes de la physique Chinoise, c'est l'accord du ciel et de la terre qui produit la beauté des saisons, etc. Par le ciel et la terre, les Chinois entendent aussi les deux principes généraux Yn et Yangs, ou, comme je l'ai déjà remarqué, la matière en état de recevoir toutes sortes de modifications par le mouvement qui lui est imprimé par le Tai-ki,

[29] L'Auteur parle pour le pays et pour le temps où il vivoit. L'Empire de la Chine étoit alors divisé en plusieurs Etats, et il étoit rare qu'il n'y eût pas quelque guerre entre ceux qui les gouvernoient. Comme les intérêts étoient différents, on cherchoit à se les procurer par des voies propres à réussir : une des plus sures étoit d'attirer les voisins dans son parti.

[30] A traduire le texte à la lettre, il faudroit dire : Des chariots pour courir, mille ; des chariots couverts de peaux, mille.

[31] Ce passage pourroit encore être traduit de la manière suivante : Que vous avez toujours des vivres pour pouvoir consumer durant le trajet de mille II, c'est-à-dire, de cent lieues ; car dix li chinoises font à-peu-près une lieue de vingt au degré.

[32] Le texte semble dire : Les choses qui sont pour les étrangers, plutôt que les choses qui sont pour des usages étrangers.

[33] Dans le temps et dans le pays où vivoit l'Auteur, mille onces d'argent étoient une somme très considérable. D'ailleurs, il peut se faire que Sun-tse ne veuille parler que de la paie des soldats et qu'il ne

comprenne point dans ces mille onces d'argent les appointements des Officiers. Une once d'argent vaut aujourd'hui sept livres dix sols de notre monnoie : or, mille onces d'argent pour une armée de cent mille hommes ne feroit qu'un sol et demi par tête ; ce qui, dans le temps présent, feroit très peu de chose. Il peut se faire encore que les mille onces d'argent que l'Auteur exige ne soient que par-dessus la paie ordinaire. Cette dernière conjoncture, qui est la plus conforme au texte, tel que je l'ai expliqué, ne me paroît pas trop bien fondée : car l'Etat s'étant chargé de tout temps de l'entretien des femmes, des enfants et de toute la famille de ceux qui font la guerre, il n'est pas vraisemblable, qu'outre le paiement ordinaire de chaque soldat, il y eût des dons journaliers tels que ceux que Sun-tse exige.

[34] Le plus ancien des tributs qui se soit levé à la Chine étoit une dîme sur toutes les terres en état d'être cultivées. Peu-à-peu les Empereurs ont imposé d'autres droits sur les métaux, sur les différentes marchandises et sur certaines denrées. Ils ont établi des droits d'entrée pour des marchandises des différentes provinces ; en un mot, ils ont aujourd'hui des Douanes sur le même pied à-peu-près que dans les Royaumes d'Europe.

[35] Le texte dit : Si votre ennemi a un Tchoung, ayez-en vingt. Ce Tchoung est une ancienne mesure qui contenoit dix hou, plus quatre boisseaux, c'est-à-dire, soixante et quatre boisseaux, car un hou valoit dix boisseaux. Un boisseau de riz, par exemple, pèse communément dix livres chinoises : la livre chinoise est de seize onces ; et l'once chinoise est à l'once de Paris, comme dix est à neuf, ou, plus exactement, comme neuf est à huit ; car l'once de Paris vaut huit gros, et l'once de la Chine vaut neuf de ces même gros. J'en ai fait moi-même l'épreuve il y a quelques années, sur des balances extrêmement juste de part et d'autre.

[36] Le texte dit · Si votre ennemi a de la paille, des herbes et du grain pour ses chevaux, la valeur d'un ché, etc. Le ché est une mesure contenant cent vingt livres de poids ; ou autrement, le ché est une mesure qui contient dix autres mesures à-peu-près de la même grandeur qu'un boisseau chinois.

[37] Il faut en ôter les marques distinctives qui pourront s'y trouver. Ces marques distinctives consistoient principalement dans la couleur dont le bois des chars ou chariots étoit peint, dans certains caractères qui y étoient gravés, et sur-tout dans un petit étendard quarré, sur lequel étoient certaines figures qui servent de distinction de quinze en quinze hommes, de dix en dix, etc. Il y en avoit même de cinq en cinq hommes ; mais ceux-ci, outre qu'ils étoient plus petits, étoient de forme

triangulaire. Les uns et les autres étoient appelles du nom général Tou, qui signifie étendard, pavillon, drapeau, etc.

[38] Il étoit facile au vainqueur d'employer les prisonniers aux mêmes usages que ses propres soldats, parceque ceux contre lesquels on étoit en guerre, ou pour mieux dire, parceque les parties belligérentes parloient un même langage, et ne formoient entre elles qu'une seule et même nation ; c'étoient des Chinois qui combattoient contre d'autres Chinois : je parle ici des guerres les plus ordinaires.

[39] C'est de l'habileté et de la bonne conduite d'un Général que dans tout son Traité Sun-tse fait dépendre le bonheur et toute la gloire d'un Royaume. Cette maxime n'a pas lieu seulement dans les anciens Livres ; aujourd'hui même elle est encore dans toute sa vigueur. Mais comme tous les bons succès sont attribués au Général, c'est le Général aussi qui est responsable de tous les événements fâcheux. Coupable ou non coupable, qu'il y ait de sa faute, ou qu'il n'y en ait point, dès qu'il n'a pas réussi, il faut qu'il périsse, ou, tout au moins, qu'il soit châtié. Une telle conduite paroît d'abord contraire à la raison ; mais en l'approfondissant un peu, on ne la trouve plus telle, respectivement aux peuples chez qui elle a lieu. C'est en effet de la persuasion où chacun est ici que cette maxime est réduite en pratique, que dépend une partie du bon ordre qui règne dans l'Empire Chinois.

[40] Un Commentateur Chinois donne un sens un peu différent au commencement de cet Article. Quoique son explication soit conforme à l'ancienne morale chinoise, j'ai cru néanmoins ne devoir pas la suivre, parcequ'elle m'a paru ne pas rendre le véritable sens de l'Auteur, et contredire même quelques-uns de ses principes. Voici la version de cet Interprète. "Conserver les possessions des ennemis, est ce que vous devez faire en premier lieu, comme ce qu'il y a de plus parfait ; les détruire, doit être l'effet de la nécessité. Veiller au repos et à la tranquillité des Kun, des Lu, des Tsou et des Ou de vos ennemis ; c'est ce qui mérite toutes vos attentions : les troubler et les inquiéter, c'est ce que vous devez regarder comme indigne de vous... Si un Général, continue l'Interprète, en agit ainsi, sa conduite ne différera pas de celle des plus vertueux personnages ; elle s'accordera avec le ciel et la terre, dont les opérations tendent à la production et à la conservation des choses plutôt qu'à leur destruction... Le ciel n'approuva jamais l'effusion du sang humain : c'est lui qui donne la vie aux hommes ; lui seul doit être le maître de la trancher... Voilà, ajoute-t-il, le véritable sens des paroles de Sun-tse". Ce que j'ai rendu par les mots de villes, villages, hameaux et chaumines, est ce que les Chinois appellent Kiun (ou Kun) Lu, Tsou et Ou. Voici l'explication littérale de chacun de ces mots. Un

Kun est un lieu qui contient douze mille cinq cents hommes ; un Lu contient cinq cents familles ; Un Tsou contient cent habitants, et un Ou est l'habitation de cinq familles seulement.

[11] L'Auteur parle ici des chars appelés Lou. Ces sortes de chars étoient à quatre roues, et pouvoient contenir à l'aise environ une dizaine de personnes. Ils étoient couverts de cuirs et de peaux de bêtes ; il y avoit tout autour une espèce de galerie faite de grosses pièces de bois. Sur la couverture de cuir il y avoit de la terre pour la sûreté de ceux qui étoient dans ces chars, et pour empêcher qu'ils ne fussent incommodés par les traits, les pierres et les autres choses que lançoient les ennemis. Chacun de ces chars étoit comme une espèce de petite forteresse, de laquelle on attaquoit et on se défendoit. Ils étoient sur-tout en usage dans les sièges : on s'en servoit aussi dans les batailles rangées. Dans ce dernier car ils étoient placés à la queue de l'armée ; et après une défaite, on se mettoit à l'abri derrière, et l'on s'y défendoit comme on l'auroit fait dans une place de guerre. Tant que le vainqueur n'en étoit pas maître, il ne pouvoit pas se flatter d'avoir réduit l'ennemi. C'étoit encore au milieu de ces chars qu'on plaçoit ce qu'il y avoit de plus précieux.

[12] La comparaison d'une armée à des fourmis pourra paroître déplacée à ceux qui n'ont pas suivi ces insectes de près ; mais nos Naturalistes savent encore mieux que les Chinois, que la fourmi est peut-être de tous les animaux celui qui a le plus d'acharnement au combat. On en voit qui, partagées en deux, ne lâchent point prise, et excitent même l'ennemi.

[13] Ce que j'ai rendu par le mot de redoutes, étoient des espèces de tours faites de terres. Elles étoient plus hautes que les murailles des villes qu'on assiégeoit ; du haut de ces tours, ou plutôt du haut de ces terrasses, on tâchoit de découvrir les différentes manœuvres des assiégés pour la défense de la place. L'Interprète Chinois les appelle des montagnes de terre.

[14] Le nombre dix est le terme de comparaison le plus ordinaire des Chinois. Ainsi, au lieu de traduire comme je l'ai fait : Si vous êtes dix fois plus fort que l'ennemi, etc. On pourroit dire : Si vous êtes à l'ennemi comme dix est à un, comme dix est à cinq, etc.

[15] Il paroît que l'Auteur exige un trop grand détail de la part d'un Général, sur-tout lorsqu'il dit qu'il doit savoir le genre d'occupation auquel s'exerçoient tous ceux qui composent une armée, avant qu'ils fussent enrôlés, détail qui ne paroît pas praticable, ni même possible. Il est à présumer que Sun-tse ne prétend pas que celui qui est à la tête d'une armée connoisse nommément tous ceux qui la composent ; mais

seulement il exige qu'il les connoisse en général par le ministère des Officiers subalternes. D'ailleurs, les mots chinois San-kun, et les mots tartares Ilan-tchohai-kun, qui en sont la traduction, peuvent signifier également les trois différentes classes dont une armée est composée ; c'est-à-dire les Officiers Généraux, les Officiers subalternes et les simples soldats. Alors l'Auteur exigeroit seulement du Général une connoissance exacte des trois ordres de son armée, désignés par les mots de San kun, qui signifient des trois Kun. Un Kun, à le prendre à la lettre, est proprement un assemblage de quatre mille hommes. Ainsi, dans ce sens, l'armée dont parle Sun-tse ne seroit composée que de douze mille hommes. Elle seroit encore plus foible si un Kun, comme on le trouve dans quelques Dictionnaires, n'étoit que l'assemblage de deux mille cinq cents hommes ; ce seroit une armée de sept mille cinq cents hommes seulement, ce qui n'est pas vraisemblable : en général, par les mots de San-kun, dans les anciens Livres qui traitent de la guerre, on entend une armée entière, de quelque nombre qu'elle soit composée.

[46] Le Commentateur Chinois explique cette dernière phrase de la manière suivante "Pour se mettre en défense contre l'ennemi, il faut être caché dans le sein de la terre, comme ces veines d'eau dont on ne sait pas la source, et dont on ne sauroit trouver les sentiers. C'est ainsi que vous cacherez toutes vos démarches, et que vous serez impénétrable... Ceux qui combattent, continue-t-il, doivent s'élever jusqu'au neuvième ciel , c'est-à-dire, il faut qu'ils combattent de telle sorte, que l'Univers entier retentisse du bruit de leur gloire, et que leurs belles actions soient approuvées dans le ciel même". Le texte traduit à la lettre diroit : "Ceux qui veulent réussir dans les premiers, doivent s'enfoncer jusqu'à la neuvième terre". Quelques Auteurs Chinois conçoivent la terre composée de neuf enveloppes ou couches concentriques, comme ils conçoivent les deux divisés en neuf sphères qui font chacune un ciel particulier.

[47] Selon le Commentateur, Sun-tse ne veut point dans les troupes une confiance trop aveugle, une confiance qui dégénère en présomption. Il prétend que les troupes qui demandent la victoire sont des troupes ou amollies par la paresse, ou timides, ou présomptueuses. Des troupes au contraire qui, sans penser à la victoire, demandent le combat, sont, selon lui, des troupes endurcies au travail, des troupes vraiment aguerries, des troupes toujours sûres de vaincre.

[48] Il y a dans le texte : Un Y surpasse un Tchou... Un Y est une mesure qui contient vingt onces chinoises. Un Tchou est la douzième partie du centième d'une once. J'ai déjà dit plus haut ce que c'étoit que

l'once chinoise.

[49] Il y a dans le texte : Qui se précipiteroit de la hauteur de mille Jin ou Jen. Un Jen est la mesure de huit pieds chinois. Le pied chinois moderne ordinaire est au pied de roi, à très peu de chose près, comme 264 est à 266. Le pied chinois ancien est au pied chinois moderne, comme 236 est à 264. Cette évaluation, qui est inutile ici, pourra peut-être avoir son utilité dans la suite.

[50] Les anciens Chinois comptoient seulement cinq tons pleins, qu'ils désignoient par les noms de Koung, Chang, Kio, Tché, Yu. Ils admettoient cinq couleurs principales, qui sont le jaune, le rouge, le vert, le blanc et le noir. Ils ne connoissoient que cinq sortes de goûts fondamentaux dont ils prétendoient que tous les autres participoient. Ces cinq goûts sont le doux, l'aigre, le salé, l'amer et le piquant. Le mot que je rends par celui de piquant est Soan qui signifie ail, ou telle autre chose semblable et d'un goût approchant.

[51] L'espèce d'arc dont il est parlé étoit soutenu par une machine. Il y en avoit qu'un seul homme pouvoit bander à deux mains, et c'étoient les moindres. Il y en avoit aussi où plusieurs hommes à la fois employoient leurs forces. On lançoit avec ces arcs plusieurs sortes d'armes, comme lances, javelots, traits, pierres, et autres choses semblables : on s'en sert encore aujourd'hui dans quelques campagnes contre les tigres. J'en ai vu qui m'ont paru ne pas différer de nos arbalètes, quant à la forme.

[52] Par le mot de puissance, il ne faut pas entendre ici domination, etc. mais cette faculté qui fait qu'on peut réduire en acte ce qu'on se propose. Dans l'idée de Sun-tse, un Général doit avoir cette faculté pour pouvoir exécuter tout ce qu'il envisage comme devant lui être avantageux.

[53] Je ne vois pas trop comment le titre de cet Article s'accorde avec les choses qu'il traite. Le manuscrit tartare que j'ai entre les mains, l'intitule de la manière suivante : ARTICLE SIXIÈME. Des véritables ruses. Les autres Commentateurs ne parlent pas plus clairement.

[54] J'ai déjà dit ailleurs qu'un Li chinois est la dixième partie d'une lieue de vingt au degré.

[55] Le Commentateur Tartare dit : C'est un homme extraordinaire, de la nature des esprits qui voient sans être vus, entendent, etc.

[56] Le Royaume d'Yeé étoit dans le Tché-kiang, près de Chao-king-sou. Celui de Ou étoit dans le Kiang-nan, etc.

[57] J'ai dit ailleurs que les Chinois admettent cinq éléments ou causes primitives dans la nature, dont toutes les choses participent plus ou moins. Ces cinq éléments sont la terre, le bois, l'eau, le feu et le métal.

[58] L'Auteur veut parler ici de ces Princes qui avoient le Gouvernement des Provinces, et qui pouvoient refuser à un Général des troupes ou des vivres, lui donner ou lui refuser passage sous le moindre prétexte. Ces sortes de Gouverneurs étoient comme de petits Souverains dans leurs Provinces. Ils dépendoient, à la vérité, du Roi ou de l'Empereur dont ils recevoient leurs Gouvernements, souvent à titre de Principauté et de Royaume même ; mais quand une fois ils en étoient pourvus, ils y exerçaient une autorité qui ne différoit guère de celle du Souverain, sur-tout dans le temps que l'Empire étoit démembré, et qu'on compoait à la Chine plusieurs Royaumes. Ils représentoient au Roi ou à l'Empereur ce que bon leur sembloit ; et il ne leur étoit pas difficile de le faire pencher pour, ou contre les intentions et les intérêts d'un Général. Le Général, de son côté, avoit un pouvoir sans bornes dans son camp et dans son armée. C'est par ses soins qu'on levoit les troupes ; c'est lui qui taxoit ce que chaque Province devoit fournir d'hommes, d'argent et de munitions : en un mot, rien de tout ce qui avoit rapport à la guerre une fois conclue, ne se faisoit que par ses ordres.

[59] Le Lo militaire est un grand bassin d'airain d'environ trois pieds de diamètre, sur six pouces de profondeur. On le frappe avec un bâton de bois. Cet instrument s'entend de fort loin.

[60] Il étoit permis autrefois, dans les armées chinoises, à quiconque vouloit se faire un nom, de sortir du camp armé de pied en cap, et d'aller se présenter devant l'armée ennemie. Lorsqu'il étoit à portée de se faire entendre, il défioit à un combat de corps à corps. Les deux Champions se battoient en présence des deux armées ; mais on employoit autant les artifices que la force, l'adresse ou la valeur.

[61] Il n'est pas nécessaire que je dise ici que je désapprouve tout ce que dit l'Auteur à l'occasion des artifices et des ruses. Cette politique, mauvaise en elle-même, ne doit avoir aucun lien parmi des troupes bien réglées.

[62] Sun-tse met cet Article immédiatement après celui des neuf changements, dit un des Commentateurs, parce qu'il en est comme la suite, ou comme une espèce de supplément et d'explication. Sun-tse, ajoute-t-il, appelle savoir se conduire dans les troupes, cet art par lequel, suivant les occasions, on se détermine à telle ou telle chose. Pour cela il faut être au fait du terrain, en savoir tirer parti, connoître ses propres avantages, et avoir connoissance des desseins des ennemis.

[63] Hiuen-yuen est un des noms qu'on donne à Hoang-ti, Fondateur de l'Empire Chinois. C'est du moins sous son règne que le Gouvernement commença à prendre la forme qu'on observe chez des

peuples civilisés. Hoang-ti avoit toutes les qualités qui font les grands Princes : il était habile Politique et grand Guerrier. On lui attribue des préceptes sur l'Art Militaire qu'on dit avoir été excellents ; mais il n'en reste aucun vestige. Il vainquit un Roi barbare nommé Tche-yeou, dit l'Historien Chinois, dans un lieu qu'on appeloit alors Tchou-lou (c'est ce qu'on appelle aujourd'hui Tchou-tcheou, qui n'est éloigné de Péking que de 120 Li chinois, c'est-à-dire de 12 lieues de 20 au degré). Ce fut après cette expédition que Hoang-ti ou Hiuen-yuen mit tous ses soins à faire des règles sur l'Art Militaire. Dès-lors il ne manqua plus rien aux Chinois pour être la première Nation du monde. Le Peuple étoit fidèle, sincère et respectueux ; les Magistrats avoient la droiture et l'équité en partage ; les Guerriers étoient prundents, vaillants et intrépides ; les maladies étoient rares, et comme on avoit l'art de les guérir, elles ne duroient pas long temps, etc.

[64] Lorsque les Armées Chinoises alloient pour combattre, elles envoyoient une partie des chariots, fourgons et chars au-devant de l'ennemi, tant pour le tromper par l'appât de quelque butin, que pour se faire une espèce de rempart contre toute surprise. Lorsque ces chars étoient attaqués, il se détachoit quelqu'un pour en donner avis au gros de l'armée.

[65] L'Auteur ne dit point ici s'il veut parler des oiseaux qui sont en pleine campagne, ou seulement des oiseaux domestiques, dont on se servoit pour la garde, à-peu-près comme on se sert des chiens. Il est vrai semblable, comme le dit un Commentateur, que parmi les espions, il y en avoit qui étoient uniquement chargés de faire attention aux mouvements, vol, chants, etc. des oiseaux qui venoient du côté de l'ennemi.

[66] De temps immémorial il a été défendu à la Chine de tuer des chevaux, des bœufs, etc. pour en manger la chair ; non pas qu'ils croient que cette chair soit mauvaise, car ils la mangent très volontiers, lors même que ces animaux sont morts de vieillesse ou de maladie, mais pour des raisons politiques. En temps de guerre on ne permettoit pas de manger la chair d'aucune bête de somme, sous quelque prétexte que ce fût.

[67] Les voleurs ne sont pas traités à la Chine comme ils le sont en Europe : en France, par exemple, un voleur est pendu, ou envoyé aux galères ; à la Chine il en est quitte pour quelques coups de bâton.

[68] Cet Article a une liaison nécessaire avec le précédent, dit le Commentateur. La raison qu'il en rapporte est que la marche des troupes ne sauroit se faire avec avantage, si celui qui est chargé de les conduire ne possède pas à fond la connaissance des lieux, tant de ceux

qui sont dans son propre Royaume que de ceux qui sont au-delà des frontières, et chez son ennemi même. Il me semble que pour cette raison l'Article de la connoissance du terrein aurait dû précéder celui de la marche des troupes, ou, du moins, on auroit pu ne faire qu'un article des deux, puisque les mêmes choses y sont répétées. C'est le défaut général des Auteurs Chinois de répéter souvent un même principe, un même raisonnement et les mêmes paroles.

[69] Je parlerai des différentes formes des Armées Chinoises en expliquant les figures qui sont à la fin de l'Ouvrage.

[70] A traduire le texte à la lettre, il faudrait dire : Si vous croyez ne pas devoir risquer le combat, ne combattez point, quelque précis que puissent être les ordres que vous aurez reçus de livrer bataille. Si vous voyez au contraire qu'une bataille vous seroit très avantageuse, livrez-la hardiment, quoique votre Souverain vous ait ordonné de ne le pas faire. Votre vie et votre réputation ne courent aucun risque, et vous n'aurez aucun crime devant celui dont vous enfreindrez ainsi les ordres, etc.... J'ai déjà dit ailleurs que la compagne étant une fois commencée, l'autorité du Général était sans borne.

[71] J'ai dit quelque part que dans les principes du Gouvernement Chinois, un Général malheureux est toujours un Général coupable. Ainsi, s'il perdoit la bataille pour avoir obéi aux ordres que son Maître lui a donnés avant son départ, on le feroit périr, quelques bonnes raisons qu'il pût alléguer. On ne diroit pas qu'il n'a fait que se conformer à ce qu'on lui avoit prescrit, on diroit qu'il est un lâche ou un étourdi ; on diroit qu'il auroit dû interpréter la volonté de celui qui l'avoit mis à la tête de ses troupes ; on diroit qu'il ne fait pas son métier, etc... .Car ici, plus que par tout ailleurs, le Souverain n'a jamais tort. On a même pour maxime qu'il ne sauroit se tromper, etc.

[72] Il y a, dit le Commentateur, neuf sortes de terreins où une armée peut se trouver ; il y a par conséquent neuf sortes de lieux sur lesquels elle peut combattre ; par conséquent encore il y a neuf manières différentes d'employer les troupes, neuf manières de vaincre l'ennemi, neuf manières de tirer parti de ses avantages, et neuf manières de profiter de ses pertes mêmes. C'est pour mieux faire sentir la nécessité de bien connoître le terrain, que Sun-tse revient plus d'une fois au même sujet, et qu'il place cet Article immédiatement après celui où il traite expressément de la connoissance du terrein.

[73] L'Auteur parle ici en particulier des troupes qui étoient fournies ou soudoyées par les petits Souverains des différentes provinces qui composent aujourd'hui l'Empire, et qui étaient eux-mêmes Feudataires de l'Empire. Ces Princes étoient obligés de fournir à l'Empereur des

troupes toutes les fois qu'ils en étoient requis ; mais ces troupes avoient leurs Officiers particuliers dont elles dépendoient entièrement et absolument, hors des cas d'une bataille, d'un siège, d'un campement, et de toute autre opération militaire qui regarde le total de l'armée. Outre ces troupes, il y avoit encore des espèces de volontaires qui pouvoient se retirer sous le moindre prétexte, après néanmoins en avoir demandé au Général un agrément qu'il ne leur refusoit presque jamais.

[74] Le Commentateur dit : Les Anciens avoient pour maxime de ne pas attaquer la tête et la queue d'une armée avec les mêmes desseins et la même vigueur. Ils disoient qu'il falloit combattre la tête et enfoncer la queue, etc. Je crois que le Commentateur ne prend pas ici le vrai sens de l'Auteur.

[75] Un des Commentateurs rend le sens de l'Auteur de la manière suivante : Si les Devins ou les Astrologues de l'armée ont prédit le bonheur, tenez-vous-en à leur décision ; s'ils parlent avec obscurité, interprétez en bien ; s'ils hésitent, ou qu'ils ne disent pas des choses avantageuses, ne les écoutez pas, faites-les taire. Un autre Commentateur explique en moins de mots, mais d'une manière plus énergique, ce qu'il croit être la pensée de Sun-tse : Dans le cas de quelque phénomène, ordonnez aux Astrologues et aux Devins de prédire le bonheur.

[76] Tchouan-tchou et Tsan-kouei étoient deux personnages qui ne sont guère recommandables que par leurs ruses et leur cruauté, dont il est cité quelque trait dans l'Histoire. Le premier était du Royaume de Ou, dans le Tché-kiang, et le second du Royaume de Lou, dans le Chantong. Je ne vois pas comment Sun-tse ose proposer aux Généraux qu'il veut former, de pareils hommes pour leur servir de modèle. Il peut se faire qu'il y ait quelques traits de leur vie auxquels seuls il veut faire allusion, quand il recommande aux Généraux d'imiter leur conduite.

[77] Tchang chan est une fameuse montagne dans le Chan-tong, et c'est celle dont on veut parler ici ; car il y en a dans d'autres provinces qui portent le même nom.

[78] Le Royaume de Yue occupoit une partie du Tché-kiang, une partie du Fou-kien et une partie du Koang-si. J'ai parlé plus haut du Royaume de Ou.

[79] Un des Commentateurs dit : Si vous ne savez pas combiner quatre et cinq tout à la fois, c'est-à-dire, si vous ne savez pas tirer avantage des différentes positions où vous pouvez vous trouver, etc.

[80] Les mots de Pa et Ouang étoient des titres qu'on donnoit aux petits Souverains Feudataires de l'Empire. Le mot Ti étoit le titre qu'on donnoit à l'Empereur seulement.

[81] Ils tâchoient de troubler tout l'Univers, c'est-à-dire tout l'Empire ; car les Chinois appellent leur Empire Tien-hia, l'Univers : ou ce qui est sous le Ciel.

[82] Le Texte dit expressément, Faites tuer leur Général ; mais les Commentateurs adoucissent un peu l'expression : du reste cette maxime est encore en grand crédit aujourd'hui chez les Tartares-Chinois. Dès le commencement de la campagne, ils tendent à se rendre maîtres de Chefs du parti ennemi, et à les avoir morts ou vifs, ou par force ou par artifice. La raison qu'ils apportent pour excuser cette coutume, c'est, disent-ils, que nous ne combattons jamais que contre des rebelles. C'est de ce nom qu'ils appellent tous ceux de leurs voisins qui ne veulent pas reconnoître l'Empereur pour leur légitime Souverain.

[83] Les Généraux avoient entre les mains la moitié d'un des sceaux de l'Empire, dont l'autre moitié restoit entre les mains du Souverain ou de ses Ministres ; et quand ils recevoient des ordres, ces ordres n'étoient scellés que une moitié de sceau, laquelle ils joignoient avec la leur, pour s'assurer qu'ils n'étoient pas trompés ; mais quand une fois cette moitié de sceau était déchirée ou rompue, ils n'avoient plus d'ordres à recevoir. Les inconvéniens qui étaient arrivés par des ordres souvent contraires aux intérêts de l'Etat et aux véritables intentions du Souverain, obligèrent à cette coutume. Ils pensent qu'un Général choisi par un Prince éclairé, est un homme sur lequel on a droit de compter. Il est à présumer, disent-ils, qu'il fera tout ce qui dépendra de lui pour venir à bout de ses fins. Il est sur les lieux, il voit tout, il fait tout, ou par lui-même ou par ses Emissaires : on peut donc croire raisonnablement qu'il est beaucoup mieux en état de juger sainement des choses que ne peut l'être un Ministre qui n'est peut-être jamais sorti de la sphère de la Cour, et qui a souvent des intérêts différents de son Souverain et de l'Etat. Tel est le raisonnement que font les Chinois.

[84] Une autre maxime que la politique chinoise regarde comme d'une extrême importance, c'est celle par laquelle il est défendu à ceux qui sont à l'armée d'écrire rien de ce qui se passe sous leurs yeux à leurs parents et à leurs amis. Par-là les Officiers Généraux sont les maîtres d'écrire au Souverain tout ce qu'ils veulent, et de la manière dont ils le jugent à propos. Il ne courent point risque de voir leur réputation entamée par des relations déguisées ou fausses, faites souvent sans connoissance de cause par des Officiers subalternes, qui leur prêtent des intentions qu'ils n'ont jamais eues, des desseins mal concertés auxquels ils n'ont jamais pensé, et un total de conduite qui n'a de réalité que dans leur imagination. Tous les Officiers Généraux ont droit de

s'adresser immédiatement à l'Empereur ; il y a même des temps et des circonstances où ils doivent le faire par obligation. Quand ils ont quelque fait à annoncer, ou à faire passer quelque nouvelle jusqu'à la Cour, ils conviennent auparavant entre eux de la manière dont ils doivent s'y prendre pour ne pas taire ce qu'il est à propos de dire, ou pour ne pas dire ce qu'il faudroit cacher. Il est difficile qu'ils puissent tous s'accorder à tromper leur maître dans une chose de conséquence ; ainsi l'on peut penser raisonnablement que l'Empereur est à peu-près au fait du vrai : mais comme il n'y a que lui qui le sache hors de l'armée, il n'en fait passer au public que ce qu'il juge à propos. Il fait composer des nouvelles plus ou moins favorables, suivant les circonstances ; il se fait féliciter par les Princes, le Grands et les principaux Mandarins de l'Empire, sur des succès chimériques dont il s'applaudit aux yeux de ses sujets ; on les insère dans les faites pour servir un jour de matériaux à l'histoire de son règne. Si les armées, après plusieurs campagnes, sont enfin victorieuses, tous les succès annoncés en détail passent pour constant ; il fait la paix, ou, comme ils disent ici, il pardonne aux peuples vaincus, leur fait des dons pour se les attacher, et leur fait promettre une soumission inviolable et éternelle. Si au contraire ses troupes ont été vaincues, il en est quitte pour faire couper quelques têtes, en disant qu'on l'a trompé. Il envoie de nouveaux Généraux avec des sommes considérables pour réparer les pertes passées, et, après une campagne, tout est soumis, tout est rentré dans l'ordre. Le secret de tout cela n'est su que de quelques Grands du Conseil secret de Sa Majesté, et le reste de l'Empire est toujours persuadé que le grand Maître qui gouverne la Chine n'a qu'à vouloir pour dompter le reste de l'Univers. Les Officiers et les Soldats se trouvent récompensés à leur retour, on les vante commen des héros, il ne leur vient pas même en pensée de contredire leurs panégyristes. Telle est la politique que les Chinois mettent en pratique aujourd'hui. En étoit-il de même autrefois ? Il y a grande apparence : c'est cependant ce que je n'oserois garantir.

[85] L'usage des Chinois, tant anciens que modernes, a toujours été d'avoir chacun chez soi un lieu destiné à honorer les Ancêtres. Chez les Princes, les Grands, les Mandarins, et tous ceux qui sont à leur aise et qui ont un grand nombre d'appartements, c'est une espèce de chapelle domestique dans laquelle sont les portraits ou les tablettes de tous leurs aïeux, depuis celui qu'ils comptent pour le chef de la famille jusqu'au dernier mort, ou seulement le portrait ou la tablette du chef, comme représentant tous les autres. Cette chapelle ou salle n'a absolument point d'autre usage. Toute la famille s'y trouve dans des temps

déterminés pour y faire les cérémonies d'usage : elle s'y transporte encore toutes les fois qu'il s'agit de quelque entreprise de conséquence, de quelque faveur reçue, de quelque malheur essuyé, en un mot, pour avertir les Ancêtres et leur faire part des biens et des maux qui sont arrivés. Ceux qui sont à l'étroit et qui n'ont que les appartements nécessaires pour loger les vivants, se contentent de placer dans un des fonds de leur chambre intérieure, s'ils en ont plusieurs, la simple tablette qui est censée représenter les Aïeux, à laquelle ils rendent leurs hommages et devant laquelle ils font toutes les cérémonies dont je viens de parler. Dans les camps et armées des anciens Chinois, la Général avoit dans sa tente, ou près de sa tente, un lieu destiné pour la tablette des Ancêtres. Il s'y transportoit, à la tête des Officiers Généraux, 1° en commençant la campagne, 2° lorsqu'il commençoit le siège de quelque place, 3° à la veille d'une bataille, et enfin, toutes les fois qu'il y avoit apparence de quelque grande action. Là, après les prosternations et les autres cérémonies, il avertissoit ou donnoit avis de ce qui étoit sur le point d'arriver. Il protestoit à haute voix que dans toute sa conduite il ne feroit rien de contraire à l'honneur, à la gloire et à l'intérêt de l'Etat, et qu'il n'oublieroit rien pour se montrer digne descendant de ceux dont il tenoit la vie. Chaque Chef de Corps en faisoit de même à la tête de ceux qu'il commandoit, et dans son propre quartier. C'est peut-être à cette cérémonie que le Chinois ont donné le nom de serment militaire : j'aurai occasion d'en parler dans la suite.

[86] Les commentateurs expliquent ainsi les cinq manières de combattre par le feu. La première consiste, disent-ils, à mettre le feu dans tous les lieux où sont les ennemis, tels que le camp, les villages, les campagnes, et généralement tous les lieux dont ils pourraient tirer du secours. La seconde consiste à brûler les provisions, c'est-à-dire, les herbages, les légumes, et les autres choses semblables qui servent à la nourriture des hommes, et les fourrages, grains, etc. dont on nourrit les chevaux et les autres bêtes de somme. La troisième consiste à brûler les bagages, c'est-à-dire, les chariots, l'argent, les ustenfiles, etc. La quatrième consiste à brûler les magasins, c'est-à-dire tous les amas de grains. La cinquième consiste à brûler l'attirail, c'est-à-dire, les chevaux, les mulets, les armes, les étendards, etc.

[87] Ces matières combustibles, disent les Commentateurs, sont la poudre à canon, les huiles, les graisses, les herbes sèches, telles que l'armoise, les joncs, et autres semblables.

[88] La constellation chinoise Ki est composée de quatre étoiles, dont la première est celle du pied du Sagittaire, deux autres sont e k & de son arc, et la quatrième est y à la pointe australe de la flèche. La

constellation Pi est composée de deux principales étoiles, dont l'une est à la tête d'Andromède, et l'autre à l'extrémité de l'aile australe de Pégase. La constellation Y est composée de vingt-deux étoiles, tant de la Coupe que de l'Hydre. La constellation Tchen est composée de quatre étoiles, dont l'une est à l'aile australe, la seconde à la patte, la troisième au bec, et la quatrième au devant de l'aile boréale du Corbeau. Il y a toujours du vent, disent les Commentateurs de Sun-tse, lorsque la lune est sous quelqu'une de ces constellations : cela peut être vrai pour le pays où ils écrivent.

[89] Je ne vois pas trop à quel propos Sun-tse parle ici de l'eau. Les Commentateurs, au lieu d'éclaircir sa pensée, ne font que l'embrouiller. Ils disent, par exemple, qu'il ne faut point inonder les provisions des ennemis, qu'il ne faut pas inonder les ennemis eux-mêmes, et citent là-dessus plusieurs exemples, et en particulier celui d'une inondation faite par un de leurs Généraux, laquelle fit seule périr plus de monde qu'il n'en auroit péri dans plusieurs batailles rangées.

[90] Cette maxime est vraie dans toute son étendue pour le pays où vivoit l'Auteur. Je pense qu'il n'en est pas tout-à-fait de même pour l'Europe. Le seul amour de la gloire formeroit à peine là un médiocre guerrier : chez nous il forme les héros.

[91] L'Auteur parle ici des dynasties, lesquelles, une fois détruites, ne remontent plus sur le trône, parce que, pour l'ordinaire, le nouveau Conquérant éteint toute la race de celui qu'il vient de détrôner.

[92] Un des Commentateurs, voulant expliquer ce titre, dit : Pour faire la guerre avec avantage, il faut nécessairement se servir des dissentions et de la discorde : il faut savoir les faire naître ; il faut en profiter habilement. C'est l'art le plus utile, mais il est plein de difficultés ; il n'y en a point de pareil dans le métier de la guerre ; il n'y en a point auquel un Général doive plus d'attention. Quelques-uns des Commentateurs ont intitulé cet Article, De la manière d'employer les Espions, prétendant que, dans l'Art Militaire, savoir tirer parti des espions, est ce qu'il y a de plus utile pour un Général.

[93] Au dedans, comme au dehors, c'est-à-dire dans les villes comme dans les campagnes.

[94] Anciennement, dit le Commentateur qui explique ce calcul de Sun-tse, on divisoit le peuple de huit en huit familles. Dans chaque huitaine de famille, il y en avoit une qui étoit inscrite pour la guerre ; les sept autres lui fournissoient tout ce qui lui étoit nécessaire tant en hommes qu'en équipages.

[95] Les Commentateurs ne sont pas d'accord sur le sens de cette dernière phrase. Les uns l'expliquent comme je l'ai expliquée ; les

autres disent qu'elle doit s'entendre de la manière suivante, et l'expliquent ainsi : Quand il s'agit d'employer quelque ruse, cachez tellement vos desseins et les mesures que vous aurez prises pour les faire réussir, que les Esprits eux-mêmes ne puissent pas les pénétrer, etc. Une troisième interprétation dit : Lorsque vous emploierez quelque artifice, ce n'est pas en invoquant les Esprits, ne en prévoyant à-peu-près ce qui doit ou peut arriver, que vous le ferez réussir ; c'est uniquement en sachant sûrement, par le rapport fidèle de ceux dont vous vous servirez, la disposition des ennemis, eu égard à ce que vous voulez qu'ils fassent, etc.

[96] Les avantages qu'on assure devoir être la suite et les effets des artifices qu'on suggère ici sont réels : on pourroit le prouver par une foule d'exemples tirés de l'Histoire Chinoise ; mais ils ne concluent rien, ce me semble, pour les autres parties du monde, où chaque Royaume semble faire une Nation à part. La plupart des guerres que les Chinois ont faites, ont été contre d'autres Chinois ; c'était une partie de la Nation qui combattoit contre l'autre : en conséquence, il paraissoit souvent assez indifférent pour le corps entier de cette même Nation, que la victoire se déclarât pour tel ou tel parti. La cessation de la guerre et des maux qu'elle entraîne nécessairement étoit l'objet de ses voeux, et il reconnaissoit pour maître celui dont il avoit lieu d'attendre de meilleurs traitements, après l'extinction entière de ceux auxquels le trône pouvoit revenir par droit de succession ; ainsi, les malheureux et les vainous étoient traités de rebelles.

[97] Y-yn, qu'on appeloit aussi Y-tche, étoit Ministre du dernier des Empereurs de la Dynastie Hia. Cet Empereur étoit l'objet de l'exécration de tous ses sujets. Le sage Y-yn l'avoit exhorté souvent à changer de conduite, mais toujours inutilement. Rebuté de voir que malgré tous ses soins et tout son zèle, tant pour le bien public, que pour l'honneur et la gloire de son Prince, l'Empire alloit toujours en décadence, il se retira de la Cour, pour ne mener désormais qu'une vie privée. Il passoit ses jours à la campagne, où il cultivoit la terre de ses propres mains. Ce fut dans cette solitude que Tcheng-tang, Prince du pays de Chang, lui fit savoir ses intentions pour le bien de l'Empire, et l'engagea à retourner à la Cour, où il travailla efficacement à la fondation d'une nouvelle Dynastie, qui est celle de Chang, du nom de la Principauté où régnoit Tcheng-tang. Cette révolution arriva l'an 1770 avant Jésus-Christ.

[98] Lu-ya, plus connu sous le nom de Tai-koung, était un des Principaux Officiers de l'Empire sous Tcheou, dernier Empereur de la Dynastie Yn, laquelle fut entièrement éteinte vers l'an 1122 avant Jésus-

Christ. C'est aux Conseils à la prudence, à la sagesse et aux vertus de ce Tai-koung que Ou-ouang doit la gloire qu'il eut d'avoir réuni en sa faveur tous les coeurs des sujets de la Dynastie qu'il éteignit.

[99] Un des Commentateurs explique cette phrase de la manière suivante : Que les noms de fourbe, de traître ou de rebelle ne vous épouvantent point ; tout dépend de vos succès. Quelque bonnes que soient vos intentions, si vous avez du dessous et que vos desseins échouent, vous serez en horreur à la postérité, vous passerez pour un ambitieux, pour un perturbateur du repos public, et pour quelque chose de pis encore, pour un rebelle ; mais au contraire si vous réussissez, on vous préconisera comme un sage, comme le père du peuple, comme le restaurateur des Loix et le soutien de l'Empire ; Y-yn et Lu-ya en sont une preuve. Mais, à l'exemple de ces grands hommes, n'ayez que des intentions droites, n'entreprenez rien que de conforme à la justice, et, comme eux, vous vous ferez une réputation qui ne mourra jamais, etc. La plupart des maximes qui sont répandues dans cet article des divisions, sont condamnables, comme contraires à la probité et aux autres vertus morales dont les Chinois eux-mêmes font profession ; mais ces mêmes Chinois se croient tout permis, quand il s'agit d'opprimer des ennemis qu'ils regardent comme des rebelles. Cependant ils ne sont pas tous du même avis à cet égard.

LIVRET 3

TROISIÈME PARTIE : SUN ZI REVISITÉ

La guerre a tout d une opération commerciale
Carl Von Clausewitz

19

ARTICLE PREMIER : FONDEMENTS DE L'ART MILITAIRE

Je dois reconnaître que dans tout ce que j'ai pu lire à propos des traductions de l'Art de la Guerre, je n'ai pu trouver un auteur qui puisse m'expliquer clairement en quoi le texte peut de près ou de loin se rapprocher de ma situation d'investisseur en Chine. Evidemment, lorsque l'on souhaite laisser l'œuvre dans un contexte historique, littéraire ou militaire le Sun Zi garde tout son attrait. Mais la lecture en est si déconnectée apparemment de nos soucis de gestionnaires que l'on finit par se lasser dès le premier chapitre du livre et laisser de côté l'œuvre.

Si par contre, nous nous plaçons sur un autre terrain, comme celui de la lutte pour l'hégémonie commerciale, une relecture s'impose. L'œuvre révèle alors toute sa puissance dans sa concision même.

Afin de vous en convaincre, je vous ai préparé cet essai qui va vous donner les éclaircissements nécessaires pour utiliser à bon escient le travail de Sun Zi. Je vous propose donc dans ce Livre Second de vous montrer, de manière simple et structurée, comment bénéficier de l'enseignement de Maître Sun directement. Je vais vous aider de manière concrète à utiliser plus clairement les tactiques explicitées dans son ouvrage.

Je vais tenter, de façon finalement plutôt directe, de faire des rapprochements entre guerre armée et guerre commerciale tout en mettant cela dans un contexte commercial où les règles ne sont pas les mêmes pour tous.

Comme je vous l'annonçais dans mon introduction, je ne m'intéresserai qu'à l'étude de l'Article Premier et aux enseignements que l'on peut mettre à profit, ceci pour vous guider dans une lecture utile de l'œuvre. Afin de rendre ce travail le plus limpide possible, j'ai comparé et inclus et très librement interprété dans une vision utilitariste (soyons clair) les traductions de Amiot, Lévi, Niquet, et Griffith. Je les ai ensuite mises en parallèle avec mon expérience d'investisseur en Chine et j'ai travaillé à clarifier ce que la pensée militaire apporte à la pensée commerciale stratégique.

Dans toute la suite de ce mini- essai, vous trouverez des encadrés. Ceux-ci font référence au texte original. J'ai volontairement simplifié, modifié ou repris pour partie les traductions et vous les ai citées pour référence.

Il vous faut néanmoins savoir que l'Article Premier ne comporte que deux petites pages chez les traducteurs contemporains (restant fidèles au texte chinois ancien) alors que, comme vous l'avez vu, c'est très différent chez Amiot et ce, pour des raisons que nous avons déjà exposées en introduction. Il est temps maintenant de vous mettre en contact direct avec l'œuvre brute originale. Je vous livre ici l'Article Premier version Beaulieu (Je vous suggère d'avoir devant vous la traduction de Lévi du premier article de son Sun Tzu),

I. La guerre est d'une importance vitale pour la survie d'un Etat. Elle est une affaire on ne peut plus sérieuse. Il ne saurait être question d'amateurisme en cette matière.

II. Analysez en détail les 5 variables clefs déterminant l'issue d'un conflit. Ces variables sont :
- la Vertu,
- le Temps,
- la Topographie,
- le Commandement,
- l'Organisation.

La Vertu est ce qui assure la cohésion entre supérieurs et inférieurs, et incite ces derniers à accompagner leur chef dans la mort comme dans la vie, sans crainte du danger.

Le Temps est déterminé par l'alternance de l'ombre et de la lumière, du chaud et du froid ainsi que par le cycle des saisons.

La Topographie comprend les distances et la nature du terrain, lequel peut être accidenté ou plat, large ou resserré, propice ou néfaste.

Le Commandement dépend de la perspicacité, de l'impartialité, de l'humanité, de la résolution et de la sévérité du général.

Par Organisation, il faut entendre la discipline, la hiérarchie et la logistique.

III. Les 7 questions essentielles à se poser afin d'évaluer les farces en présence :

1. Qui de vous ou d'eux a le meilleur dirigeant ?

2. Qui a le meilleur directeur général ou le meilleur chef de projet Chine ?

3. Qui profite de conditions de temps et de terrain favorables ?

4. Qui observe la discipline la plus rigoureuse ?

5. Qui détient F organisation la plus puissante ?

6. Qui possède les managers les mieux formes et les plus aguerris ?

7. Qui détient les structures de récompenses et de châtiments les plus efficaces ?

IV. Les 15 stratagèmes à employer de manière pertinente :

1. Fort, passez pour faible

2. Prêt à combattre, passez pour incapable.

3. Proche, semblez lointain.

4. Lointain, semblez proche.

5. L'adversaire est avide, appâtez-le Ses employés et cadres sont mécontents; tentez-les, récompensez-les ou recrutez-les.

6. Feignez le desordre pour mieux le prendre au piège

7. S'il se regroupe, tenez-vous prêt.

8. S'il est trop fort, évitez-le.

9. Son chef est coléreux, irritez-le.

10. Arrogant, confortez-le dans son sentiment de supériorité.

11. Ses farces sont fraîches, fatiguez-les.

12. Ses farces sont unies, encouragez les dissensions.

13. S'il se repose, harcelez-le.

14. Attaquez là où il ne vous attend pas.

15. Surgissez toujours à l'improviste.

V. La victoire est certaine quand les supputations élaborées avant l'ouverture des hostilités donnent un avantage dans la plupart des domaines ; dans le cas contraires si on ne l'emporte que dans quelques-uns, on va au-devant d'une défaite En observant les deux parties grâce à ce critère, je peux voir qui vaincra et qui sera vaincu.

Entrons dorénavant dans le détail et explicitons point par point.

Article Premier : Fondements de l'Art Militaire

Le titre de l'Article Premier est traduit de la manière suivante :
- Joseph-Marie Amiot : Fondements de l'Art Militaire,
- Jean Lévi : Supputations,
- Valérie Niquet : Des plans,
- Samuel Griffith : Approximations.

20

DU MILITAIRE ET DU COMMERCIAL

La guerre est d'une importance vitale pour la survie d'un État. Elle est une affaire on ne peut plus sérieuse. Il ne saurait être question d'amateurisme en cette matière.

La guerre est une chose sérieuse. Sun Zi le rappelle dès les premières lignes de son livre.

La conquête des marchés chinois ou la recherche de partenaires en Chine est une affaire toute aussi sérieuse et peut tout aussi bien se comparer à une action offensive même si cette dernière est avant tout commerciale. Mener cette conquête à la légère, en touriste export, ne vous amènera que déceptions et vous éloignera de la formidable chance d'une expérience humaine hors du commun.

Vous le verrez plus loin, la guerre telle que vue par Maître Sun, ne signifie pas guerre totale. En d'autres termes, elle ne suppose pas l'anéantissement complet de l'armée et des forces combattantes adverses.

Au contraire, l'auteur de ce manuel de stratégie militaire propose plutôt le concept d'action indirecte, préférable, et de loin, à des confrontations directes bien plus meurtrières, qui épuisent toutes les forces en présence, et peut donc vous rendre vulnérables face à de nouveaux adversaires éventuels.

Il est essentiel de comprendre ce concept d'action indirecte si l'on souhaite évoluer dans l'environnement des affaires chinois. Il est au cœur des idées de Maître Sun.

L'aboutissement « professionnel » dans l'art de guerroyer (et dans l'art de faire des affaires) consiste en sa capacité à provoquer la reddition sans condition de l'équipe adverse, et ce, sans combats. C'est ce que Maître Sun considère comme la réalisation suprême du métier de général (responsable Chine).

En tant que futur entrant sur ce marché chinois, totalement inconnu, vous allez vous trouver dans un environnement excessivement compétitif ou rien ni personne ne vous attend et où vos chances au départ sont à peu près équivalentes à zéro. Votre première obligation sera, bien sûr, de découvrir ce monde si différent et ses règles écrites, orales et suggérées.

Une des règles que vous devrez comprendre rapidement, si possible avant votre départ pour une première mission en Chine, est que rien n'est possible à l'entrepreneur naïf.

Mais qui peut donc arriver en Chine avec un état d'esprit naïf ?

La majeure partie des investisseurs que je vois passer en Chine continentale.

Comment définit-on, alors, naïveté ?

Naïf se dit de celui qui arrive en territoire inconnu et suppose, quoique jugé intellectuellement très bien structuré, qu'il va s'y frayer un chemin en ne comptant que sur ses propres forces.

Les experts sont bien plus que nécessaires ou suffisants : ils sont indispensables et parfois artisans même de la victoire.

En fait, il ne saurait être question d'amateurisme lorsque l'on souhaite réellement se donner des chances de réussites en Chine.

Vous me rétorquerez, et vous aurez raison : «Oui, mais ceci est valable sur tous les marchés export». Sur le principe : Oui ! Malheureusement, lorsque les investisseurs arrivent en Chine, ils perdent tout sens commun et ont la fâcheuse tendance à rêver au 1,3 milliard de clients potentiels.

La Chine, ou plutôt les Chines, sont un marché complexe et suivent des règles que nous apprenons dans la douleur faute d'avoir accepté d'évaluer la situation politique, socio-économique, culturelle et financière non pas du pays (ce qui déjà en soi démontre une attitude prudente et professionnelle) mais de l'environnement direct des entreprises et des spécificités de la compétition domestique. Par environnement direct, il faut comprendre par exemple : le pouvoir du

Parti communiste local, ses représentants dans l'entreprise, et tous les liens tissés par et autour du futur éventuel partenaire.

.

21

LES 5 VIARIABLES CLEFS

Analysez en détail les cinq variables clefs afin de déterminer l'issue du conflit.
Ces variables sont :
- la Vertu,
- le Temps,
- la Topographie,
- le Commandement,
- l'Organisation.

La Vertu est ce qui assure la cohésion entre supérieurs et inférieurs, et incite ces derniers à accompagner leur chef dans la mort comme dans la vie, sans crainte du danger.
Le Temps est déterminé par l'alternance de l'ombre et de la lumière, du chaud et du froid ainsi que par le cycle des saisons.
La Topographie comprend: les distances et la nature du terrain, lequel peut être accidenté ou plat, large ou resserré, propice ou néfaste.
Le Commandement dépend de la perspicacité, de l'impartialité, de l'humanité, delà résolution et delà sévérité du général.
Par Organisation, il faut entendre la discipline, la hiérarchie et la logistique.

Les 5 variables clefs telles qu'énoncées par Maître Sun se séparent en deux groupes : le premier fait plus référence à des variables d'ordre externe (le Climat-Temps, la Topographie) tandis que le second fait référence à des variables d'ordre interne (la Vertu, le Commandement, l'Organisation). La bonne adéquation des deux, réévaluée en permanence, sera gage de succès.

En clair, la capacité de réaction tactique quasi immédiate de l'entrepreneur, son adaptation rapide aux données changeantes du terrain, son intelligence des situations, ou présenté différemment son habileté dans la prompte remise en question de ses actions sans états d'âmes particuliers, constitueront les véritables facteurs clefs de succès pour son implantation en Chine.

I. La Vertu

La Vertu (Amiot la traduit par Doctrine, Griffith par Influence Morale, Nachin par Discipline d'Esprit, Niquet par Vertu, certains par Principes Moraux, et d'autres par Stratégie) constitue une qualité primordiale pour celui qui souhaite réussir l'évaluation de sa situation au regard d'un investissement en Chine.

Tour à tour observateur des réalités différentes de ce monde, de prime abord facile d'accès, puis expérimentateur de nouvelles approches, le nouveau venu devra trouver par touches successives et recoupements le meilleur dosage menant à la meilleure appréhension de sa situation stratégique en Chine.

Préalablement, comme le suggère Maître Sun dans sa définition de la Vertu, mesurez le niveau de dévouement de vos propres troupes.

Pour ce faire, tentez de répondre à ce questionnaire :

1. Vos cadres, employés, collègues, partagent-ils votre vision du projet de développement vers la Chine ?

2. Avez-vous pris le temps d'évaluer puis d'expliquer votre stratégie à court, moyen et/ou long terme à vos cadres ?

3. Avez-vous mis tout en oeuvre afin de les persuader de la pertinence de ce projet (réunions, discussions, brainstorming, séances de créativité, présentation d'un « brouillon » de plan de développement)?

4. Etes-vous, vous-même, totalement persuadé de sa pertinence ?
a. Si oui, précisez les 3 objectifs primordiaux poursuivis ?
b. Sous quels délais ?
c. En quelles proportions ?

5. Votre équipe se sent-elle impliquée et concernée par vos décisions ?

6. Pouvez-vous compter sur un soutien indéfectible de la part de vos collaborateurs les plus proches ?
a. Quel est le niveau de cohésion de votre équipe ?
b. Quel est le type de relations existant entre les cadres et leurs équipes respectives ? Comment qualifieriez-vous ces relations ?
c. Vos collaborateurs sont-ils effrayés par ce nouveau défi ou sont-ils prêts à vous suivre dans vos projets ambitieux, non pas dans la mort mais dans une aventure audacieuse qui les forcera à adapter leur mode de communication, lorsque confrontés à ce monde si particulier ?

7. Avez-vous pris le temps nécessaire pour vous former aux réalités du monde chinois et ce, avant tout investissement majeur ou engageant ?
Quelques conseils :
1. Lisez au moins trois articles de sources différentes qui traitent du pays, de son économie, de sa culture, de ses politiques. Utilisez ces différentes sources pour vous faire une première idée du contexte historique, géopolitique et géostratégique dans lequel vous allez évoluer.
2. Prenez le temps de discuter avec des « experts » (consultants, avocats, CCI, mission économique) vivant en Chine
3. Discutez avec des Chinois vivant en Chine ou l'ayant quittée très récemment.
4. Testez vos idées préconçues auprès de professeurs ou universitaires sinophiles.
5. Visitez les sites Web de l'ambassade de Chine et de la Mission Economique. Surfez sur le Web en utilisant des mots clefs anglais (les informations en anglais sont autrement plus abondantes que celles que vous trouverez en français).
6. Gardez en tête que cette première évaluation (interne) en prépare une autre (externe) toute aussi importante : celle que vous ferez lorsque vous devrez « choisir » votre ou vos partenaires potentiels. Nous verrons cela en détail dans l'étude des 7 questions essentielles.

II. Le Temps
Le climat (Lévi), le Ciel (Niquet), le temps (Amiot), les conditions atmosphériques (Griffith) se caractérisent par l'alternance. Cette phrase, pour anodine et évidente qu'elle soit, n'en demeure pas moins une clef

de la compréhension de l'environnement social chinois.

La perception du temps est polychrone chez les Chinois et monochrone chez les Occidentaux. Là où nous avons une logique de classement, de tri et de séparation, les Chinois ont une démarche de rapprochement, de mise en ordre, d'harmonisation des antagonismes et d'adaptation aux nouvelles situations. Là où nous pensons qu'il y a logique décousue, il peut exister une véritable stratégie imperceptible à l'œil occidental inexpérimenté.

Cette conception différente du temps peut donner lieu à bien des frustrations lorsque nous sommes confrontés aux situations suivantes :
-des délais parfois longs de réponse,
-des retards aux réunions,
-des réunions avec des entrants,
-des sortants,
-des interruptions dues à des appels sur téléphone cellulaire en pleine conversation,
-des changements de planning de dernière minute,
-des interlocuteurs changés au dernier moment,
-des rendez-vous oubliés.

Les Chinois que j'ai rencontrés au cours de ces dernières années n'attachent pas beaucoup d'importance au respect strict des plannings mais plus à l'adhésion des gens à la réalisation des transactions. Par contre, sachez que s'il y a manque de courtoisie manifeste c'est qu'il y a un message à décrypter.

III. La Topographie

La Topographie (Lévi), le Terrain (Griffith, Niquet), la Terre ou l'Espace (Amiot) doit être analysé finement. J'utilise ici le mot terrain au sens où on l'entend communément dans le monde des affaires. C'est-à-dire : espace de négociation et de mouvement dans le cadre de vos partenariats clefs futurs.

Afin d'établir un premier état des lieux et ainsi connaître votre espace de négociation et de mouvement, utilisez ce questionnaire d'analyse de terrain :

1. Quelle est la situation de mon partenaire quant à sa relation au gouvernement local ?

2. Comment le Parti communiste chinois est-il représenté dans son entreprise ?

3. Quelle est la qualité de lien entre le dirigeant de l'entreprise partenaire future et les autorités locales ?

a. Selon le futur partenaire ?

b. Selon le représentant du gouvernement local ?

4. Ai-je réellement affaire à une entreprise privée ?

5. Le dirigeant est-il actionnaire ?

6. Sa famille fait-elle partie de l'organisation ? Si oui, à quel titre ?

7. Quelles sont les stratégies affichées et apparentes de mon interlocuteur ?

8. Quelles sont mes marges de manœuvres apparentes ?

9. Où se trouvent les points de blocage à la négociation ?

10. Où se trouvent les zones d'ombre dans la structure juridico-politico-fiscale de mon partenaire ?

11. Quelle est la situation de mon secteur d'activité au regard du calendrier de l'OMC ?

12. Quelles sont les exigences particulières en matière d'investissements étrangers sur la zone qui m'intéresse ?

13. Quelles sont les stratégies de repli ou d'attaques possibles de mes interlocuteurs en cas de conflit à terme (prenant en compte leur tissu relationnel gouvernemental) ?

14. Quelle est ma stratégie de repli possible en cas de conflit ?

15. Où se trouvent mes forces dans ce partenariat éventuel ?

16. Quelles sont les questions qui demeurent toujours sans réponses ?

17. Qu'est-ce que les entrepreneurs français installés sur le territoire chinois continental pensent de mon projet dans l'état d'avancement dans lequel il se trouve ?

IV. Le Commandement

Les qualités de bon commandement ou d'un bon général sont les suivantes : perspicacité, impartialité, humanité, résolution et sévérité. Perspicacité Vous devrez évaluer de nombreuses données de terrain. L'entrepreneur non expérimenté ne peut imaginer ce qu'il va rencontrer sur place lors de ses premières expériences.

1. Attachez-vous à développer votre perspicacité : les Chinois du monde des affaires que j'ai rencontrés sont de fins tacticiens.

2. Préparez-vous à une nouvelle façon de penser vos réunions de travail avec vos interlocuteurs.

3. Prenez le temps de poser toutes les questions que vous jugerez nécessaires à votre évaluation du terrain.

4. Méfiez-vous des idées préconçues et de vos postulats quant à la manière de faire des affaires : vous êtes dans un système de pensée différent.

5. Réadaptez si nécessaire votre tactique au vu des nouvelles informations obtenues.

6. Ne soyez pas obnubilés par le planning.

7. Développez votre sensibilité à l'environnement plutôt qu'à l'agenda.

8. Sachez identifier les retournements de situations et saisir les opportunités qui se présenteront.

9. Evaluez la vraie réalité des forces en présence. La perspicacité représente sans nul doute une des qualités essentielles d'un dirigeant en Chine.

Impartialité

Appliquée dans un contexte multiethnique, cette qualité vous aidera à établir les consensus nécessaires en environnement asiatique.

Humanité

Comprenez que le processus d'adaptation indispensable de vos cadres aux réalités du monde des affaires chinois prendra un certain temps.

Donnez-vous et donnez-leur le droit à l'erreur.

Résolution

Prenez les décisions de terrain qui s'imposent.

Lorsque vous décidez, ne temporisez pas.

Evitez la procrastination.

Sévérité

Rigueur.

V. L'Organisation

Ceci signifie discipline, hiérarchie, logistique et généralement tout ce que les écoles de gestion enseignent.

Ce que vous devez garder à l'esprit néanmoins :

1. Donnez-vous les moyens de vos ambitions et combler vos propres déficits de compétences.

2. Adaptez votre logistique en fonction des moyens réels dont vous disposez (oubliez le 1.3 milliard de clients potentiels).

3. Oubliez les manuels de marketing et de management classique pour entrer dans un univers dont les règles d'évolution des marchés sont différentes et parfois déstabilisantes.

La plupart des entrepreneurs qui posent le pied sur le sol chinois pour la première fois ne connaissent rien ou presque de la Chine et encore moins de la réalité des affaires de ce pays. Pourtant, nombreux sont ceux qui pensent pouvoir se passer des conseils des expatriés installés sur place depuis des années et n'évaluent pas finement le risque qu'ils prennent en atterrissant sur le sol de l'Empire central sans préparation. Faites la différence en prenant en charge votre propre préparation. Comblez les déficits : prenez pleine conscience de vos besoins de compétences et comblez le fossé.

22

LES 7 QUESTIONS ESSENTIELLES

Comme Maître Sun le rappelle, tous les chefs de guerre savent l'importance de maîtriser les 5 variables que nous venons d'étudier.

Au fur et à mesure de vos activités en Chine et de vos relations avec vos éventuels partenaires, prescripteurs et parfois adversaires, bien des événements vont surgir et bien des changements tactiques voire stratégiques vont apparaître.

Votre évaluation de la situation doit alors être encore une fois effectuée. Et ce, autant de fois qu'il sera nécessaire.

Ceci constitue un des enseignements tactiques majeurs de Maître Sun : adaptez-vous continuellement aux changements de l'adversaire dès que l'une de ces variables évolue. Comme le ruisseau coule et épouse le terrain qu'il sillonne, adaptez-vous aux multiples changements de situation que vous rencontrerez et ils seront nombreux.

Ceux qui ne peuvent maîtriser l'art de manier les combinaisons de ces variables n'ont aucune chance de survivre dans un environnement aussi complexe.

Afin de juger au mieux la nouvelle situation, posez-vous chaque fois les 7 questions essentielles suivantes :

Les 7 questions essentielles :
I. Qui de vous ou d'eux a le meilleur dirigeant ?
II. Qui a le meilleur directeur général ou le meilleur chef de projet Chine ?

III. Qui profite de conditions de temps et de terrain fa vorables ?
IV. Qui observe la discipline la plus rigoureuse ?
V. Qui détient l'organisation la plus puissante ?
VI. Qui possède les managers les mieux formés et les plus aguerris ?
VII. Qui détient les structures de récompenses et de châtiments les plus efficaces ?

Reprenons point par point :

I. Qui de vous ou d'eux a le meilleur dirigeant ?

Les hommes et femmes d'affaires chinois que j'ai rencontrés sont rarement allés très loin dans leurs études académiques. Par contre, les qualités ne leur manquent pas lorsqu'il s'agit d'évaluer leurs adversaires ou de mettre en place des stratégies commerciales.

Il vous faut donc non pas évaluer vos partenaires ou prescripteurs éventuels par leur niveau d'études mais, entre autres, par leur relationnel. Par relationnel, j'entends Guanxi : le tissu de relation et d'amitiés créé, participant à la réussite des objectifs tactiques.

Sans Guanxi, en Chine on ne réussit pas ou que péniblement. Je fais évidemment référence aux PME-PMI.

On confond souvent Guanxi avec Réseau. On peut effectivement le présenter de cette manière. La différence essentielle réside dans le fait qu'en France, de très bonnes relations, que l'on peut qualifier d'amicales, avec les pouvoirs publics locaux ne vous aideront pas à développer vos ventes. En Chine, si !

Afin de mieux juger de l'habileté d'un dirigeant chinois à développer votre organisation, posez-vous les deux questions suivantes :

1. Ce dirigeant a-t-il des relations privilégiées avec le gouvernement local, municipal ou même provincial ?

2. Ce dirigeant atteste-t-il d'une bonne connaissance des modes de gestion modernes utilisés par les meilleures organisations ? Voici un petit questionnaire qui vous aidera à mieux évaluer sa position :

a. Quelles sont les réussites commerciales que l'on peut mettre à l'actif de votre interlocuteur ?

b. Vient-il d'une entreprise publique ou privée ? (Vérifiez son statut juridique)

c. A-t-il une expérience du secteur privé et du commerce international ?

d. Quelles sont ses relations (sociales, familiales, politiques, « capitalistiques ») avec le gouvernement local ?

e. Comment présente-t-il ses relations ? (s'il insiste très fort sur son relationnel, il y a lieu de s'inquiéter de sa réalité. Du reste, en Chine, on présente avec fierté les photos prises en compagnie de personnalités connues afin de se donner de la face. Mais, l'insistance trop grande à vouloir vous les montrer peut dénoter un manque de relationnel réellement «commercialisable») f. A-t'il fréquemment des relations d'affaires avec l'étranger ? Quels pays ? Quels types de cultures ? (ceci vous permettra d'évaluer le niveau de son entreprise à répondre aux exigences des marchés occidentaux)

Vous concernant :

a. Quelle est, outre les lieux communs, votre connaissance de l'histoire, la culture et la société chinoises ?

b. Quelle est votre connaissance des règles, de l'étiquette et des us et coutumes des affaires chinoises ?

c. Voyez-vous la Chine comme une menace ou une opportunité ?

d. Quel est le soutien dont vous bénéficiez dans l'entreprise ?

e. Vous semblez-vous capable de vous adapter à une culture dont vous avez tout à découvrir et qui n'est pas comparable à ce que vous avez connu jusque là ?

II. Qui a le meilleur directeur général ou le meilleur chef de projet Chine ?

Sun Zi attire notre attention sur le besoin d'un général suffisamment fort pour prendre les décisions que le terrain dicte, même si le roi s'y oppose. Au risque de paraître mutin, je souhaite apporter mon soutien à cette théorie. En effet, les stratégies établies très intelligemment à Lille, Paris, Lyon, Clermont-Ferrand ou Montréal peuvent parfois aller à l'encontre des réalités tactiques du terrain chinois.

Vous aurez intérêt à savoir prendre les décisions qui s'imposent sans attendre régulièrement les feux verts de votre hiérarchie.

III. Qui profite de conditions de temps et de terrain favorables ? Rappelez-vous d'évaluer vos points forts en prenant en compte le contexte multiculturel. En effet, assurez-vous que les conditions que vous jugez favorables à votre camp le soient vraiment en Chine.

IV. Qui observe la discipline la plus rigoureuse ?

La discipline peut revêtir dans notre cas 2 aspects différents :

-la rigueur de travail nécessaire et le besoin d'une organisation structurée,

-la réactivité que donne une entreprise dont le patron détient un réel pouvoir. L'interlocuteur avec lequel vous allez traiter détient-il vraiment un pouvoir de décision ?

V. Qui détient l'organisation la plus puissante ?

Vous constaterez souvent sur le terrain que les entreprises chinoises affichent un volume de personnel important. Ceci n'est malheureusement pas un signe de puissance de feu.

Voici quelques constats de la situation typique rencontrée. Ceci vous aidera à estimer la puissance de l'organisation avec laquelle vous voulez traiter en affaires.

1. Vous ne pourrez pas vérifier ses comptes à moins de commander, et encore, une « due diligence » qui ne sera pas justifiée au départ des négociations.

2. Vous ne pourrez pas vous fier aux chiffres de ventes de votre interlocuteur ni à ses comptes officiels.

3. Vous ne saurez pas de manière certaine si les patrons affichés sont vraiment les décideurs.

4. Vous n'aurez pas de services statistiques fiables vous permettant de juger du bien fondé ou non de votre stratégie.

5. Vous ne pourrez pas évaluer au départ le poids et le niveau des interconnections privées-public dans l'entreprise de vos interlocuteurs.

6. Vous ne pourrez pas trouver d'équivalent d'Infogreffe afin de compléter votre prise de renseignements.

Alors comment déterminer la puissance de l'organisation que l'on a en face de soi ?

La meilleure réponse : on ne peut pas vraiment, de prime abord.

Mais alors que faire ?

Un point important qu'il vous faut comprendre de manière définitive : la qualité de vos activités en Chine dépendra de la qualité des relations que vous allez tisser.

-Ce que vous ne pouvez obtenir sous forme de preuves, il va vous falloir le croire.

-Ce que vous pouvez croire vraiment sort avant tout de la bouche de vos amis.

-Pour développer votre connaissance du terrain, il va donc vous falloir développer des relations de proximité avec vos interlocuteurs chinois. Cela va au-delà de l'invitation à souper et cela vous demandera des efforts de relationnel qu'il va falloir accepter de faire.

VI. Qui possède les managers les mieux formés et les plus aguerris?

Les mieux formés à la stratégie ne sont pas toujours ceux que l'on croit. Toutes les formations MBA du monde, aussi nécessaires soient-elles, n'assurent en rien la réussite dans les affaires. Tout au plus offrent-elles la possibilité de développer nos capacités à étudier des cas d'écoles qui ne reflètent que rarement les multiples réalités dynamiques chinoises.

Les formations préparant le mieux au défi chinois restent encore à créer.

Si elles existaient, elles mettraient l'accent :

-sur le transfert d'expériences,

-la simulation et les jeux de rôles,

-le développement personnel,

-les études de cas issus de l'expérience chinoise,

-les méthodes d'apprentissage en action,

-le coaching spécifique de groupe restreint et le coaching individualisé.

Cela nécessiterait de l'audace pour mettre en œuvre ce type de programme de formation. Dans cet apprentissage dans l'action, les participants exploreraient ce que Socrate et Sun Zi nous ont enseigné : la connaissance de Soi d'abord et avant tout. «Connais-toi toi-même et tu connaîtras l'univers» disait Socrate. «Qui connaît l'autre et se connaît ne sera point défait» ajoutait Sun Zi. Ce qui se dit des armées et des organisations, peut tout aussi bien se dire des individus.

VII. Qui détient les structures de récompenses et de châtiments les plus efficaces ?

Celui qui maîtrisera l'art de l'évaluation constante des situations tactiques vaincra.

Maître Sun nous conseille de nous séparer d'un général qui s'avérerait incapable de répondre avec précision aux 7 questions essentielles, n'aurait pas les 5 qualités de commandement énoncées et ne saurait analyser les situations confrontées aux 5 variables clefs.

Pour votre responsable Chine, préférez un individu :

-avec des qualités de cœur,

-capable de remise en question,

-souple dans ses comportements, courtois, modeste et fort à la fois,

-sachant utiliser les tactiques chinoises à son profit,

-capable avant tout de s'adapter aux situations changeantes nombreuses et,

-capable de modifier ses plans, sans rigidité et de manière autonome.

23

LES 15 STRATAGÈMES

Une fois toutes les conditions potentielles de réussite stratégique réunies, il vous faudra apprendre à profiter de toutes les opportunités que le terrain vous offrira, en acceptant, avec Maître Sun, que la guerre (le commerce) repose avant tout sur le mensonge ou la duperie. D'autres appelleront cela propagande, désinformation, demi-vérités, non-dits, intelligence ou renseignement (au sens militaire ou sécurité du territoire), ou, plus élégamment, communications appliquées.

La lecture du mot duperie semble tout à fait différente en environnement chinois. Le monde des affaires reste plus proche, sous toutes les latitudes, du monde de Maître Sun que celui de Confucius. En effet, les valeurs confucéennes, tout aussi chinoises qu'elles soient, se trouveront certainement en conflit avec celles du célèbre stratège.

Intégrons ces nouvelles données à notre appréciation des situations. Les Chinois ne sont pas plus malhonnêtes que nous. Ils sont peut-être tout simplement moins naïfs.

Autant que j'ai pu en juger autour de moi en Chine, la duperie ou ruse ne revêt pas un caractère négatif, bien au contraire. Le mot lui-même s'avère mal choisi. La ruse s'apparente plutôt à intelligence, astuce, habileté en un mot stratagème.

Maître Sun présente 15 stratagèmes qu'il nous enjoint d'intégrer. Quels sont-ils ?

Les 15 stratagèmes :
I. Fort, passez pour faible.
II. Prêt à combattre, passez pour incapable.
III. Proche, semblez lointain.
IV. Lointain, semblez proche.
V. L'adversaire est avide, appâtez-le. Ses employés et cadres sont mécontents,
tentez-les, récompensez-les ou recrutez-les.
VI. Feignez le désordre pour mieux le prendre au piège.
VII. S'il se regroupe, tenez-vous prêt.
VIII. S'il est trop fort, évitez-le.
IX. Son chef est coléreux, irritez-le.
X. Arrogant, confortez-le dans son sentiment de supériorité.
XI. Ses forces sont fraîches, fatiguez-les.
XII. Ses forces sont unies, encouragez les dissensions.
XIII. S'il se repose, harcelez-le.
XIV. Attaquez là où Une vous attend pas.
XV. Surgissez toujours à l'improviste.

En lisant les 15 recommandations précédentes, vous en déduirez bien des contradictions apparentes. En réalité, l'objectif est de brouiller les cartes chaque fois que nécessaire.

Gardez à l'esprit que parler peu est d'Or et que dans la mesure où vous devez vous exprimer régulièrement auprès de vos interlocuteurs chinois afin de défendre vos couleurs, utilisez au moins 50 % de votre temps de parole à poser des questions tout en aménageant des périodes de silence à des moments cruciaux. Apprenez à aimer et utiliser le silence. Les Français que j'ai accompagnés sur le terrain possédaient rarement, au départ de la mission, ce don de maniement du silence.

Apprenez à manier ces stratagèmes avec circonspection et ne les jugez pas trop durement antimoraux car ils peuvent jouer un rôle essentiel dans vos négociations.

Il vous apparaît dorénavant clair que les conseils de Maître Sun ne s'appliquent pas à un monde libéral ouvert, en paix et où tout le monde est beau et gentil. Nous ne sommes pas non plus sur une planète dont ses habitants partagent des règles justes, éthiques et morales de coopération avec des interlocuteurs de bonne foi dans un environnement de confiance à priori.

Ce monde existe-t-il seulement ?

Il me faut encore ici être très clair : il ne s'agit pas de Chinois contre francophones, ou inversement, mais d'intérêts convergents face à des intérêts divergents sur le plan stratégique et tactique. Donc, dans vos efforts commerciaux sur le terrain chinois, vous serez tout simplement en face d'une compétition internationale et non uniquement chinoise. Votre clan sera tout aussi international que le ou les clans adverses ou partenaires.

Encore une fois, l'auteur de l'Art de la Guerre nous apparaît en opposition avec les positions de Maître Kong (Confucius). Aussi étonnant que cela puisse paraître, les deux continuent d'influencer le monde des affaires chinois. La différence réside dans le fait que la guerre commerciale ne peut se gagner avec les méthodes humanistes préconisées par le deuxième.

24

L'ISSUE FINALE

La victoire est certaine quand les supputations élaborées dans le temple ancestral avant l'ouverture des hostilités donnent un avantage dans la plupart des domaines ; dans le cas contraire, si on ne l'emporte que dans quelques-uns, on va au-devant d'une défaite. Ainsi, qui additionne de nombreux atouts sera victorieux, qui en a peu sera vaincu que dire de qui n'en a aucun! C'est par ces considérations qu'il m'est possible de prévoira coup sûr l'issue du combat.

Celui qui avant d'avoir combattu calcule au temple qu'il remportera la victoire a dû procéder à beaucoup de calculs. Celui qui avant d'avoir combattu calcule au temple qu'il ne remportera pas la victoire a dû procéder à peu de calculs. Calculer beaucoup l'emporte sur calculer peu et plus encore sur ne pas calculer du tout. En observant les deux parties grâce à ce critère, je peux voir qui vaincra et qui sera vaincu.

Ces deux traductions de la même partie du texte de Maître Sun, sont respectivement celles de Jean Lévi et de Valérie Niquet.

Voici ma manière de les interpréter. Je fais référence à de multiples expériences vécues sur le terrain.

1. Lorsque vous réfléchissez à une vision stratégique souvent élaborée au siège, vos interlocuteurs en ont déjà envisagé plusieurs au cours des différents entretiens. La flexibilité stratégique chinoise peut s'avérer déconcertante pour des investisseurs non préparés. Le corollaire à cela : apprenez à imaginer de nouvelles stratégies en vous

adaptant aux nouvelles données du terrain et n'hésitez pas à remette en question le bien-fondé de la dernière en date.

2. Les décisions doivent se prendre après avoir sérieusement considéré toutes les facettes de la situation. N'allez pas à la guerre si vous n'avez pas identifié tous vos atouts, tout ce qui peut vous permettre de la gagner.

25

CONCLUSION

L'Art de la Guerre nous a souvent été vanté comme un petit chef-d'œuvre de stratégie militaire. Il faut admettre qu'en l'espace de quelques dizaines de pages, nous découvrons ce que d'autres ont mis des vies entières à expérimenter dans la douleur. En cela, ce livre demeure d'une valeur inestimable et atemporelle.

Je vous le disais plus haut, comme bien d'autres, j'ai lu l'Art de la Guerre il y a bien des années de cela, persuadé d'y trouver des perles de sagesse, des clefs, des outils, en un mot des modèles me permettant de développer concrètement mes capacités à réussir dans les affaires.

Ma première lecture donna lieu à un sentiment de profonde déception. Comment ? C'est seulement cela ? Je ne vois là que des déclarations, des tirades simples, des évidences et des lapalissades mélangées à des paragraphes obscurs consignées par un esprit manipulateur et guerroyeur dont l'objectif est d'amener les forts à contrôler encore plus les faibles et les faibles à se maintenir. Tout compte fait loin de nos préoccupations de démocrates, pacifiques et manichéens totalement conditionnés par nos cultures monothéistes.

Le fait est là : nous sommes tous conditionnés par la culture qui nous marque le plus de son empreinte. En s'intéressant à la Chine et en choisissant de vivre parmi les Chinois, l'exigence d'étudier leurs classiques et leurs influences (auteurs, légistes, penseurs, maîtres spirituels) apparaît vite aveuglante.

La lecture de Sun Zi peut ne jamais vous dévoiler sa richesse sauf si vous acceptez d'accrocher votre manteau de présupposés à votre portemanteau culturel. Sauf si vous acceptez de transcender votre vision limitative et la mettez dans un contexte où les mots : affaires, orgueil, spiritualité, bien, mal, morale, ruse, culpabilité et remords ont un sens bien différent. Dans ces conditions seulement, vous pourrez espérer, vous, femmes et hommes d'affaires, non seulement de comprendre mais surtout d'utiliser les enseignements de ce stratège chinois afin de vous mettre à la norme.

A défaut, mieux vaut ne pas investir en Chine ou avoir l'immense patience que seuls d'énormes moyens financiers peuvent vous permettre.

Il vous faut être prêt à recevoir la richesse de cette œuvre. Etre prêt, le vouloir réellement et en ressentir le besoin. Le contexte chinois appelle ce besoin, donne l'occasion d'étudier et offre les nombreuses opportunités d'apprentissage. En effet, plus qu'un livre à lire puis à ranger sur son étagère, ce document doit devenir pour vous un manuel de formation à consulter régulièrement et à confronter à des cas vécus autrement déroutants.

Mon objectif premier dans ce livre a été de donner les moyens aux hommes et femmes d'affaires, francophones en général et français en particulier, de se battre à armes égales sur un marché délicat d'accès et un terrain rempli d'embûches et creusé d'ornières.

Je respecte profondément la Chine continentale, ses cultures et son histoire ancestrale. Je vis avec mes amis, clients, employés chinois des apprentissages extraordinaires. Néanmoins, mon expérience d'être humain lucide m'oblige à la plus grande circonspection, prudence et vigilance dès lors que mes affaires concernent le terrain chinois.

Faire des affaires en Chine pousse au dépassement. Bien des aspects de soi que l'on n'apprécie guère remontent à la surface dès que nous rencontrons les difficultés particulières de ce monde si différent. Cela nous oblige à des prises de conscience majeures et nous force, si jamais nous y sommes prêts et préparés, à des changements d'attitudes essentiels.

L'aventure chinoise développe en nous les qualités d'humilité, de respect, de lucidité, de maîtrise de soi et de compassion tout en musclant notre aptitude à la perspicacité et à la négociation en milieu complexe.

J'espère que ce travail donnera aux entrepreneurs le goût de l'effort nécessaire à une plus grande compréhension des différences. J'espère que ce livre les aidera à réussir sur le plan économique, commercial et humain. J'espère que plus de Français et de francophones sauront mettre toutes les chances de leur côté afin de réussir de manière éclatante en Chine.